中南财经政法大学中长期重点研究项目公共管理学院
"公共政策评估报告"系列丛书

中南财经政法大学公共政策评估丛书

精准扶贫政策绩效第三方评估研究

丁士军 孔凡义 著

中国社会科学出版社

图书在版编目(CIP)数据

精准扶贫政策绩效第三方评估研究/丁士军，孔凡义著.—北京：中国社会科学出版社，2019.12

(中南财经政法大学公共政策评估丛书)

ISBN 978-7-5203-5400-4

Ⅰ.①精… Ⅱ.①丁…②孔… Ⅲ.①农村—扶贫—经济政策—经济绩效—评价—研究—中国 Ⅳ.①F323.8

中国版本图书馆 CIP 数据核字(2019)第 244539 号

出 版 人	赵剑英
责任编辑	田　文
特约编辑	金　泓
责任校对	张爱华
责任印制	王　超
出　　版	中国社会科学出版社
社　　址	北京鼓楼西大街甲158号
邮　　编	100720
网　　址	http://www.csspw.cn
发 行 部	010-84083685
门 市 部	010-84029450
经　　销	新华书店及其他书店
印　　刷	北京君升印刷有限公司
装　　订	廊坊市广阳区广增装订厂
版　　次	2019年12月第1版
印　　次	2019年12月第1次印刷
开　　本	710×1000　1/16
印　　张	12.5
插　　页	2
字　　数	175千字
定　　价	59.00元

凡购买中国社会科学出版社图书，如有质量问题请与本社营销中心联系调换
电话：010-84083683
版权所有　侵权必究

目 录

导 论 ……………………………………………………………… (1)
 第一节 公共政策评估研究综述 ………………………………… (2)
  一 公共政策评估概述 ……………………………………… (2)
  二 国内公共政策第三方评估研究综述 …………………… (7)
 第二节 国外公共政策第三方评估研究综述 ………………… (12)
  一 关于公共政策评估的研究 …………………………… (12)
  二 公共政策第三方评估研究 …………………………… (16)

第一章 公共政策第三方评估理论与方法 ……………………… (21)
 第一节 公共政策评估基础理论 ……………………………… (21)
  一 项目可行性研究 ……………………………………… (21)
  二 动态管理 ……………………………………………… (23)
  三 公共治理 ……………………………………………… (25)
  四 反馈控制 ……………………………………………… (27)
  五 我国评估理论有待加强 ……………………………… (28)
 第二节 公共政策评估方法和手段 …………………………… (28)
  一 公共政策主体评估方法和手段 ……………………… (29)
  二 公共政策受体评估方法和手段 ……………………… (33)
 第三节 第三方评估在中国的兴起和作用 …………………… (37)
  一 第三方评估在中国的兴起 …………………………… (38)

  二 第三方评估的意义和作用 …………………………………（43）

第二章 扶贫与精准扶贫政策演变 ……………………………（47）
 第一节 国外扶贫政策的演变 …………………………………（47）
  一 发达国家的扶贫政策 ………………………………（47）
  二 发展中国家的扶贫政策 ……………………………（49）
 第二节 中国扶贫政策的演变 …………………………………（50）
  一 农村经济体制改革推动扶贫时期（1978—1985）……（50）
  二 大规模农村扶贫开发时期（1986—1993）…………（57）
  三 八七扶贫攻坚时期（1994—2000）…………………（58）
  四 《中国农村扶贫开发纲要（2001—2010）》实施
    阶段 ……………………………………………………（61）
  五 《中国农村扶贫开发纲要（2011—2020）》及实施
    精准扶贫阶段 …………………………………………（63）
 第三节 精准扶贫政策的基本脉络 ……………………………（64）
  一 精准扶贫政策的提出背景 …………………………（64）
  二 精准扶贫政策的内涵阐释 …………………………（65）
  三 精准扶贫政策的现实意义 …………………………（67）
  四 实施精准扶贫政策评估的迫切性 …………………（67）

第三章 精准扶贫政策第三方评估方法 ……………………（69）
 第一节 对不同评估对象的评估 ………………………………（69）
  一 对政策执行主体的评估 ……………………………（69）
  二 对政策执行对象的评估 ……………………………（74）
 第二节 不同评估阶段的评估方法 ……………………………（78）
  一 事前评估 ……………………………………………（78）
  二 事中评估 ……………………………………………（83）
  三 事后评估 ……………………………………………（85）

第三节　主要评估分析方法 …………………………………（92）
一　定性评估分析方法 …………………………………（92）
二　定量评估分析方法 …………………………………（95）

第四章　精准识别政策第三方评估分析 ……………………（101）
第一节　精准识别的概念与政策 ………………………（101）
一　精准识别的含义与考核目的 ……………………（101）
二　精准识别的政策描述 ……………………………（104）
第二节　精准识别的指标构建 …………………………（107）
一　农户纳入帮扶范围的物质条件 …………………（107）
二　农户纳入帮扶范围的意愿条件 …………………（109）
第三节　精准识别第三方评估过程及数据分析 ………（111）
一　精准识别前农户物质条件与致贫原因分析 ……（112）
二　农户对精准识别的意愿分析 ……………………（115）
本章小结 …………………………………………………（116）

第五章　精准退出政策第三方评估分析 ……………………（118）
第一节　精准退出的概念与政策 ………………………（118）
一　精准退出的含义与考核目的 ……………………（118）
二　精准退出的政策描述 ……………………………（118）
三　精准退出的第三方评估方法 ……………………（119）
第二节　精准退出的指标构建 …………………………（120）
一　农户退出帮扶范围的物质条件 …………………（120）
二　农户退出帮扶范围的意愿条件 …………………（121）
第三节　精准退出第三方评估过程及数据分析 ………（123）
一　精准退出前农户物质条件分析 …………………（123）
二　农户对精准退出意愿的分析 ……………………（133）
本章小结 …………………………………………………（135）

第六章　精准帮扶政策第三方评估分析 …………………… (136)
第一节　精准帮扶的概念和政策 …………………………… (136)
　　一　精准帮扶的概念 ………………………………………… (136)
　　二　精准帮扶政策 …………………………………………… (140)
第二节　精准帮扶第三方评估的指标构建 ………………… (146)
　　一　驻村情况指标 …………………………………………… (148)
　　二　帮扶成效指标 …………………………………………… (148)
第三节　精准帮扶第三方评估分析 ………………………… (150)
　　一　满意度分析 ……………………………………………… (151)
　　二　帮扶成效分析 …………………………………………… (152)
第四节　精准帮扶政策的改进和讨论 ……………………… (155)
　　一　扶业与扶人的矛盾及其改进 …………………………… (155)
　　二　扶贫持久战与扶贫游击战的矛盾及其改进 …………… (156)
　　三　常规式扶贫与非常规扶贫的矛盾及其改进 …………… (158)
　　四　政治要求与市场规律之间的矛盾及其改进 …………… (159)

第七章　精准扶贫政策第三方评估的问题和展望 …………… (162)
第一节　精准扶贫政策第三方评估的结构视角 …………… (163)
　　一　评估服务购买者与评估者之间的关系 ………………… (163)
　　二　评估对象与评估者之间的关系 ………………………… (165)
第二节　精准扶贫政策第三方评估的权力视角 …………… (167)
　　一　执行者抑或决策者 ……………………………………… (167)
　　二　评估的多元参与 ………………………………………… (168)
　　三　评估市场化 ……………………………………………… (169)
第三节　精准扶贫政策第三方评估的过程视角 …………… (172)
　　一　评估决策阶段 …………………………………………… (172)
　　二　评估执行阶段 …………………………………………… (173)
　　三　评估反馈阶段 …………………………………………… (174)

第四节　精准扶贫政策第三方评估的改革和完善 …………（175）
　　一　第三方评估的发展困境 …………………………（175）
　　二　第三方评估的监管 ………………………………（177）
　　三　第三方评估的发展路径 …………………………（180）
　　四　资金保障 …………………………………………（183）

参考文献 ………………………………………………（184）

后　　记 ………………………………………………（191）

导　论

第三方评估是公共政策评估的一种方式。根据当前的研究，一般认为1906年由美国Bruere等人发起成立了纽约市政研究院对纽约市政府进行初步的绩效（效率）评估，这是能够检索到的最早的绩效评估、绩效测量、绩效核算的实践。它本质上是由一个外在于政府、以探究政府管理为宗旨的研究机构发起的"第三方评估"。[①] 由此可见，第三方评估与政府绩效评估是相伴而生的。产生于西方的政府绩效评估是以第三方评估的方式出现的，也就是说美国政府绩效评估就是第三方评估。如果从政府绩效评估开始计算第三方评估的历史，那么美国的第三方评估已经有一百多年的时间，积累了大量的研究成果。

我国的第三方评估从21世纪初才起步，相应的学术研究还不多。在公共政策领域，由于得到中央和地方各级政府的重视和大力推进，第三方评估获得了一定的进展。但是，第三方评估在监督监管、制度规范方面还不成熟。精准扶贫政策是中国扶贫政策在新时期的延续，是精准扶贫领域的公共政策。精准扶贫政策是否成功关系到我国民族复兴、国家富强和人民幸福的大事，很有必要通过第三方评估来给精准扶贫把脉，为精准扶贫政策适时注入新的动力。本书正是在这样的背景下进行选题、设计研究内容，并以实际开展的精准扶贫政策评估工作为具体数据来源进行分析。

[①] 尚虎平、王春婷：《政府绩效评估中"第三方评估"的适用范围与限度》，《理论探讨》2016年第3期。

本书的结构如下：导论介绍国内外学者对公共政策评估和第三方评估的研究现状；第一章介绍第三方评估的理论与方法；第二章阐释国内外精准扶贫政策的演变过程；第三章介绍精准扶贫政策领域第三方评估方法；第四章至第六章分别从精准识别、精准退出和精准帮扶三个方面来论述精准扶贫政策第三方评估的具体操作过程；第七章为本书的结论，精准扶贫政策第三方评估的问题和展望。

第一节 公共政策评估研究综述

一项公共政策的制定与实施，其结果的好坏关系着国计民生，因此对公共政策进行评估至关重要。我国学者在公共政策评估方面已经有了一定的研究，对第三方评估也有了不少的研究，但对于公共政策第三方评估依然很少涉及。本书将通过对我国公共政策评估以及第三方评估的理论进行文献梳理，最终探讨公共政策第三方评估的路径。在公共政策评估中引入第三方评估机制，能够充分发挥第三方评估的优势，以更加科学、客观的视角来审视公共政策的制定与实施过程中的问题，并且在做出评估决策的时候能够以更少的利益牵绊做出更加公平、合理的评估报告。从而提升我国重大公共政策的科学性和有效性，真正使公共政策服务于改善民生，服务于全面建成小康社会的大局，更加体现公共政策的价值导向。

一 公共政策评估概述

学界认为，公共政策评估是公共政策过程的一个环节。公共政策第三方评估是一种新兴的公共政策评估方式，其在公共政策评估的基础上进行发展，同时又具有自身的特点。[①]

[①] 宁骚：《公共政策学》，高等教育出版社2011年版，第373页；谢明：《公共政策导论》，中国人民大学出版社2015年版，第225页。

(一) 公共政策评估的内涵

公共政策评估在我国的发展时间并不长，学界对公共政策评估的研究始于20世纪90年代，至今对公共政策评估的概念没有形成一个统一的概论。学界对公共政策评估的界定主要有以下三种观点。

第一种观点主要将评估精力放在政策执行之前，即事前评估。梁建忠在文章中指出事前评估的内涵：评估主体按照科学的方法对将要公布的公共政策文件进行的一种预测性的评估。这种方式是对公共政策执行之前的一次把关，是减少公共政策失败、提高公共政策执行效果的必然程序。因此，公共政策事前评估逐渐成为政策制定中不可或缺的部分。[1]

第二种观点认为公共政策评估主要是对公共政策实行结果的评估，即事后评估，我国大多数学者都持这种观点。在《公共政策分析》一书中，陈振明指出公共政策评估涉及政策的效果、效益、效率，并按照一定的标准对其进行判断，目的在于收集公共政策执行后的相关问题信息，以此来决定公共政策的进一步发展方向，是改进、调整还是终结。[2]马国贤、任晓辉认为公共政策评估要着重对公共政策投入和公共政策所产出的效果差异进行比较，并严格评议公共政策的科学性与合理性，从而做出客观与公正的判断。[3]谢明主张从公共政策的价值标准和事实标准出发，着重分析公共政策实施过程中的价值因素和事实因素，从而对公共政策执行效果做出基本的判断。[4]

第三种观点认为公共政策评估是一个系统的过程，公共政策评估要涉及事前评估、事中评估和事后评估，要贯穿公共政策评估始终，以系统的观点看问题。赵莉晓认为公共政策评估就是通过选择科学的评估标准和评估方法，对政策系统及政策过程进行综合的、全方位的

---

[1] 梁建忠：《我国公共政策事前评估研究——以研究生教育收费政策为例》，硕士学位论文，浙江大学，2014年。
[2] 陈振明：《公共政策分析》，中国人民大学出版社2003年版。
[3] 马国贤、任晓辉：《公共政策分析与评估》，复旦大学出版社2012年版。
[4] 谢明：《公共政策概论》，中国人民大学出版社2014年第2版。

考察、分析并给予一种评判与总结，目的也是为未来公共政策的调整与优化提供决策参考和依据。①

综上所述，本书更倾向于第三种观点，但在公共政策评估中还要有所侧重，即侧重于事前评估，但同时也要兼顾事中和事后评估。公共政策评估的关键在于政策执行前要对公共政策进行充分的多方论证和评估，要对公共政策在执行过程中可能出现的阻力以及可能产生的结果进行充分的估计，目的是使一项公共政策在执行过程中能够发挥最大的功效。在公共政策执行过程中也要对其进行跟踪评估，对公共政策的执行环节进行考评，避免其偏离公共政策的合理方向，从而影响公共政策的实施效果。最后就是要对政策执行结果进行评估，从执行的效果、效率和价值三个方面进行评估来决定公共政策的延续和终结。

（二）公共政策评估的标准

公共政策评估结果的科学性与有效性的前提是公共政策评估标准的科学性，只有科学与合理的公共政策评估标准才能得出具有权威性的公共政策评估报告，才能有效指导公共政策的调整与优化，我国学者对这个问题有不同的看法。

张润泽将公共政策评估标准归纳为三个维度：形式维度、事实维度和价值维度。通过这三个公共政策评估的维度，我们可以对公共政策的形式合法性、结果有效性、价值合理性进行客观与全面的了解。②马国贤和任晓辉认为政策评估的标准包括事实标准与价值标准。事实标准是按照公共政策执行实际在技术以及数据方面取得的结果，以存在的事实为基础。价值标准就是更加注重政策实施所造成的社会影响，公民满意度等社会价值。公共政策评估的价值标准大致包括：社会生

---

① 赵莉晓：《创新政策评估理论方法研究——基于公共政策评估逻辑框架的视角》，《科学学研究》2014 年第 32 卷第 2 期。
② 张润泽：《形式、事实和价值：公共政策评估标准的三个维度》，《湖南社会科学》2010 年第 3 期。

产力的发展、社会健康发展和社会公正。①

他们对公共政策评估标准的研究在学术界具有一定的代表性，在一定程度上指导着我国公共政策评估的发展。另外有学者在事实标准和价值标准的两大标准之下进行了深入的分析。杨志荣基于事实标准和价值标准的两大维度，提出了公共政策评估的六大标准：（1）公平性，指的是政策制定是不是公正考虑到了全体公民的利益；（2）民主性，指的是在政策制定过程中有没有充分吸纳民意，反映公众的真实需求；（3）效率，指的是公共政策的制定是否达到最佳经济效果，是否以最小的投入获得最大的产出；（4）适应性，指的是公共政策制定是否能够有效解决某一社会问题；（5）可行性，指的是公共政策制定是否具有可操作性；（6）充分性，指的是公共政策制定是否是解决某一社会问题的充分条件。②

除此之外，谢明提出公共政策评估标准包括四个方面：（1）效益，针对目标和结果，主要是指某一政策能否实现预期目标和结果；（2）效率，通常是指以尽可能少的投入获得尽可能多的产出；（3）充分性，是指特定效益水平满足政策目标的程度，用来表明对政策与其特有结果之间关系强度的价值期望，即在多大程度上解决了目标问题；（4）公平性，多涉及收入分配、教育机会和公共服务方面的政策。③

综上所述，对于公共政策评估的标准，学界主要是从事实标准和价值标准两大方面的指导下进行研究。事实标准主要针对公共政策本身的科学性和合理性以及在政策实施过程中能否实现公共政策的目的；价值标准指的是公共政策的实施所带来的社会影响与社会价值，是公共政策评估的核心标准和追求的目标。本书倾向于价值标准，但同时不能忽视事实标准。

---

① 马国贤、任晓辉：《公共政策分析与评估》，复旦大学出版社2012年版。
② 杨志荣：《公共政策评估：标准与过程——兼议北京市拟征收"交通拥堵费"》，《行政科学论坛》2015年第2卷第6期。
③ 谢明：《公共政策概论》，中国人民大学出版社2014年第2版。

(三) 公共政策评估的主体

公共政策评估的主体即评估委员会的组成成员,公共政策评估主体的合理确定对公共政策评估的效果起着至关重要的作用。传统观点认为公共政策评估主要是由党政机关的组成人员进行评估,具有单一性与内部性,往往较少考虑与公共政策有密切联系的其他利益相关者。伴随着对公共政策评估研究的不断深入,公共政策评估不能只是政府这一主体唱"独角戏",而是公共政策受众以及相关利益群体共同的事情,公共政策评估主体的多元化逐渐成为学界共识。

张国庆在《公共政策分析》一书中把评估主体分为政府评估和民间评估两种。[①] 政府评估主要是党政机关内部对公共政策进行的评估。公共政策一般是由各级政府的政策研究室进行制定的,大部分政府内部评估依然是由政策研究室进行评估,有些会包括政府其他部门办公人员参与评估。实际上,公共政策评估是由制定者进行评估,他们既当运动员又当裁判员,往往公共政策评估成为他们的评优会和歌颂会,是自我表扬,而很难发现公共政策中的问题。民间的评估主要是由一些利益相关者、民间组织和公众参与评估,但在我国民间评估发展阻碍重重。

由于当前公共政策评估主要还是由政府部门在进行组织,因此不免出现种种的问题,阻碍着我国公共政策评估的进展。不少学者也对公共政策政府评估的问题给予了探析。申喜连指出公共政策的评估与公共政策制定者密切相关:(1) 涉及公共政策制定的相关公职人员往往对政策评估消极配合,对于评估材料进行选择性提供,难以反映评估的真实性;(2) 公共政策评估的方法不够科学,部分政府官员存在形式主义作风与"报喜不报忧"的内在行为动机,往往把评估工作转变为展示工作成绩的良好机会,违背了公共政策评估的初衷,导致评估的结果缺乏指导性与现实意义;(3) 缺乏独立的政策评估组织,虽然在我国行政系统的不同政府部门都有相关的政策评估组织,但在实

---

① 张国庆:《公共政策分析》,复旦大学出版社 2004 年版。

际上，这些机构往往处于附属地位，不具有独立性，难以发挥他们应有的作用。①

马国贤、任晓辉在《公共政策分析与评估》这本书中指出，影响公共政策评估的因素有被评估者的抵制或阻挠，主要体现在：（1）对政策过程的独占心理驱使他们反对他人介入，以免阻挠政策实施计划，妨碍其既得利益；（2）"路径依赖"理论表明，人们从潜意识里偏好自己选择的方案，而不愿接受他人批评。②

综上所述，公共政策制定部门对公共政策的评估缺乏先天的动力，缺乏刀刃向内的改革勇气，一些公共政策评估往往是为了获得上级的满意。在发现公共政策中出现的问题时，往往是在不违背自身既得利益的前提下进行微调，而缺乏客观、公正的改革精神。因此在公共政策评估过程中引入第三方评估能够在一定程度上克服政府内部的自我保护，从而使得一项公共政策能够惠及最广大受众群体，推进公共政策的公平、公正和科学性。

二 国内公共政策第三方评估研究综述

有学者认为，第三方评估中的第三方是相对于第一方（被评估对象）和第二方（服务对象）而言的。第三方评估强调评估的独立性，即第三方（评估者）与第一方、第二方之间不存在任何隶属关系和利益关系。但也有学者提出不同观点。比如，倪星、余凯认为：第一方评估是指政府内部的自我评估，第二方评估是指普通公众的外部评估，除此之外则是独立的专业性机构的评估。③ 而程样国、李志则认为：第三方评估是不同于由政策制定者和执行者之外的主体进行的评估，第三方评估的主体可以多种多样，包括受行政机构委托的研究机构、专

---

① 申喜连：《试论我国公共政策评估存在的困境及制度创新》，《中央民族大学学报》（哲学社会科学版）2009 年第 36 卷第 5 期。
② 马国贤、任晓辉：《公共政策分析与评估》，复旦大学出版社 2012 年版。
③ 倪星、余凯：《试论中国政府绩效评估制度的创新》，《政治学研究》2004 年第 3 期。

业评估组织、中介组织、新闻媒体、社会组织和公众，特别是利益相关者等组织与人员[①]。

(一) 第三方评估的内涵

在我国，第三方评估是在21世纪初开始掀起的一股研究热潮。国内学者对第三方评估的研究多致力于特定的领域，研究最多的也较成熟的领域是政府绩效第三方评估，与此同时还有对社会组织、慈善组织和高等教育的第三方评估，但对公共政策第三方评估的研究还相对较少。

本书从研究比较成熟的领域提取出第三方评估的内涵和优势。

在包国宪等看来，第一方指的是政府内部自我组织的评估；第二方是指政府内部上级对下级的评估；而第三方是指独立于被评单位内部以及被评单位系统之外的第三方机构和组织，包括独立第三方和委托第三方。[②] 孟惠南认为第三方评估主体与政府没有隶属关系和直接利益关系，其具有客观性和权威性。[③]

梁璞璞、覃丽芳认为第三方评估机构是独立于政府部门及慈善组织之外，通过自身建立一套科学、完整的绩效评估体系及绩效评估规则，能够对慈善组织系统的组织能力、管理能力、运行效率及信誉水平等方面进行评估，从而得出准确且可靠的慈善组织评估报告的专业机构。[④] 潘旦等认为第三方评估又称为社会评估，指公民、社会组织、舆论机构、专业评估机构等通过科学的程序和方法，直接或间接、正式或非正式地评估组织绩效。[⑤]

[①] 程样国、李志：《独立的第三方进行政策评估的特征、动因及其对策》，《行政论坛》2006年第2期。

[②] 包国宪、张志栋：《我国第三方政府绩效评价组织的自律实现问题探析》，《中国行政管理》2008年第1期。

[③] 孟惠南：《第三方评估在我国政府绩效评估中的应用》，《领导科学》2012年第23期。

[④] 梁璞璞、覃丽芳：《第三方评估在重塑慈善组织公信力中的作用研究》，《法制与社会》2017年第21期。

[⑤] 潘旦、向德彩：《社会组织第三方评估机制建设研究》，《华东理工大学学报》（社会科学版）2013年第28卷第1期。

陈潭认为第三方评估是作为推进国家治理体系和治理能力现代化创新工具的第三方治理的一个实践模式。[①]

吴佳惠等认为第三方评估是指由与委托方和被评估方无隶属关系和利益关系的、具有独立法人资格的专业性评估机构，按照一定的程序和标准，对评估对象（公共政策、项目、公共服务、政府绩效等）进行综合评价的一种活动。同时，第三方评估是一种通过引入多元化社会力量参与政府决策，对政府进行监督的治理工具。[②]

而王国华等则认为第三方评估是基于协商均衡下的第三方评估，第三方评估也要反映被评估对象的意见和偏好。[③] 李志军也认为，第三方评估是一种更客观的社会监督，要在政府管理中引入多元参与，更好地发挥社会组织参与政府决策、政策执行、效果评估、公开监督等方面的作用。[④]

综上所述，第三方评估是由与政府没有直接利益关系的社会组织、科研机构、公民团体等机构对政府相关政策以及特定行为进行评估的过程。本书强调第三方评估的专业性和科学性，在强调第三方评估独立性的同时也要努力保证评估主体的多元性和科学性。

（二）第三方评估的特点

第三方评估之所以能在近十几年来引起社会的广泛关注，并逐步引入政府绩效评估、慈善组织评估和高校评估，正是由于第三方评估具有所不可比拟的优势。第三方评估的优点主要体现在其独立性、专业性和权威性。

第三方评估机构往往是和政府没有直接的利益关系或者隶属关系，并且第三方评估机构有自己的评估专家和独特的评估方法，所以其评估

[①] 陈潭：《第三方治理：理论范式与实践逻辑》，《政治学研究》2017年第1期。
[②] 吴佳惠、王佳鑫、林誉：《论作为政府治理工具的第三方评估》，《中共福建省委党校学报》2015年第6期。
[③] 王国华、陈敬贤、梁樑：《基于协商均衡的第三方评估机制研究》，《现代管理科学》2013年第9期。
[④] 李志军：《第三方评估理论与方法》，中国发展出版社2016年版。

模式越来越得到中央和有识之士的支持。学界对第三方评估所具有的优点已经有了比较成熟的研究。段红梅指出第三方评估是政府内部评估的有益补充。第三方评估的典型特点是其所特有的独立性，主要体现在过程公开透明，结果客观、公正。除此之外，第三方评估机构所具有的专业性、权威性以及评估成本低廉等特征也是其所独有的优势所在。① 与此同时，徐双敏也指出，公众之所以相信第三方评估的结论，原因在于第三方评估组织所拥有的独立性、专业性和权威性。②

由此可知，学界对第三方评估所能够带来的效果取得了共识，而其所具有的优势正好能够弥补当前政府内部评估的不足。正因为第三方评估组织所具有的特点也使其评估结果更能够获得社会各界的认可。

（三）公共政策第三方评估有效性

将第三方评估引入可以发挥其独特的优势，同时可以取得意想不到的结果。虽然没有学者专门研究第三方评估对公共政策所带来的改善，我们依然可以从学者运用第三方评估理论对其他政府行为所带来的影响，看出第三方对公共政策评估可能带来的改善。

何炜在对行政执行治理研究中对第三方评估所起的作用做了如下描述：（1）引入第三方评估有利于行政执行的科学性和合法性；（2）引入第三方评估有利于对行政执行的监督；（3）引入第三方评估有利于避免行政执行的寻租行为；（4）引入第三方评估有利于提升行政执行绩效。他虽然探究的是第三方评估对行政执行的作用，但是我们仍然能够从中看到第三方评估如果运用于公共政策评估也可以取得相应的效果。③ 郑方辉、陈佃慧认为独立第三方评估（如"广东试验"）具有监督政府、民主导向和推动政府绩效改善的技术功能。简单地说，"一是可以给政府官员一定的压力；二是可以给公民一个评价

---

① 段红梅：《我国政府绩效第三方评估的研究》，《河南师范大学学报》（哲学社会科学版）2009年第36卷第6期。

② 徐双敏：《提高第三方评估的公信力》，《人民日报》2015年6月16日第007版。

③ 何炜：《第三方评估视野下的行政执行"中梗阻"治理研究》，《西南交通大学学报》（社会科学版）2015年第16卷第6期。

官员的载体;三是可以给决策以新动力"①。

当然其他学者针对不同的领域对第三方评估的探究也具有独到的见解,综上所述,本书认为独立第三方对公共政策评估的有效性主要体现在以下五个方面:第一,公共政策第三方评估能够给政府政策制定者施加一定的压力,推动政府对公共政策的完善;第二,公共政策第三方评估有利于促进公共政策制定的更加科学与合理;第三,公共政策第三方评估是一种对政府的监督行为,能够促使政府重视公共利益,避免政府寻租;第四,公共政策第三方评估能够增加公民对政府的信任感,促进社会稳定;第五,公共政策第三方评估能够促进公民参与,有利于广大民众发出心声,维护自身利益。

(四)公共政策第三方评估途径

党的十八大以来,中央高度重视国家治理体系和治理能力现代化建设,大力推进科学决策、民主决策,大力提倡进行社会治理,发挥社会优势,积极发展第三方治理,从而使我国的社会发展更加高效。政府制定公共政策关乎国计民生,每一项重大政策的出台都牵动着社会各界的关注。因此,一项政策的成功或失败便显得尤为重要,对一项公共政策进行评估不可或缺。公共政策第三方评估的机构主要包括专家学者、独立第三方机构和广大民众。

第一,公共政策由专家学者进行评估,这在我国也是用得最多和最常见的一种方式。很多政府部门在制定公共政策的同时往往会邀请行业专家提出建议并对政策方案进行评价。

如杭州市政府在举办首届世界休闲博览会之后,专门邀请高校学术机构组建课题组,对政府的组织活动进行整体评估,从专业角度提出意见与建议,对以后的工作具有重要的改进意义。

第二,公共政策交由独立第三方机构进行评估。例如2006年4月,武汉市政府邀请具有全球影响力的管理咨询机构麦肯锡公司作为

---

① 郑方辉、陈佃慧:《论第三方评价政府绩效的独立性》,《广东行政学院学报》2010年第22卷第2期。

第三方机构对武汉市政府的政府绩效进行全面的评估。

第三，公共政策评估应吸纳广大公民参与政策评估。周建国、陈如勇在《政策评估中的公众参与——基于南京市政府政策评估实践的分析》这篇文章中指出，随着社会民主政治的发展，公共政策评估也逐渐吸引了社会公众的注意力：（1）公众参与政府的公共政策评估过程不断成为公众参与政治的重要实践形式；（2）公众的积极参与能够在技术上修正公共政策评估主体的缺陷；（3）公众参与能够限制或消解公共政策的"虚假市场"。①

公共政策第三方评估是一种新兴的旨在提高公共政策科学性和有效性的路径选择，其所发挥的优势也正在不断体现出来，因此在公共政策评估的过程中我们要不断尝试引入第三方机构。

第三方评估的优点在于其所具有的独立性、专业性和权威性，从而有助于促进公共政策评估结果的客观性、公正性和科学性。促进公共政策第三方评估的发展是推动我国治理体系和治理能力现代化的重要举措。

为了促进公共政策第三方评估的健康稳定发展，必须加强对第三方评估的体系建设。首先，政府要转变工作作风，率先垂范，在日常评估中不断引入第三方评估的模式；其次，国家要制定相关的第三方评估的法制法规，用法律制度来保障第三方评估能够发挥其应有的作用；再次，促进第三方评估机构的快速崛起，加强第三方评估人才的培养与队伍建设；最后，培育公民社会，规范公众参与。

第二节　国外公共政策第三方评估研究综述

一　关于公共政策评估的研究

1951 年拉斯韦尔提出政策科学，此后在世界各国迅速发展起来。

---

① 周建国、陈如勇：《政策评估中的公众参与——基于南京市政府政策评估实践的分析》，《江苏社会科学》2015 年第 6 期。

经过不同阶段的发展,国外关于公共政策评估的理论研究已经趋于系统化。在 SAGE 和 JSTOR 外文数据库上以"公共政策评估"为关键词搜索,经过筛选整理可知,国外学者对公共政策评估的定义不尽相同。

Jaroslav Dvorak(2008)认为,评估研究应该被定义为"改良主义",为社会改良提供一个替代方案。① 评估有助于改变政策议程、政策制定和实施策略,政策评价是政策过程的一个阶段,其实质内容是对政策内容、政策实施及政策后果的估计、评价和鉴定(詹姆斯·E.安德森,1990)。② Ludwig Guendel(2012)认为,公共政策评估是一个错综复杂的过程,讨论的是关于经济、文化、社会政策和社会公正的问题。③

其次,国外学者关于公共政策评估的研究方向主要集中在政策评估的目的、政策评估与实际相结合的问题研究以及公共政策评估的方法研究。

(一)公共政策评估的目的方面

H. Wollmann(2003)认为在理想情况下,政策评估作为成熟的社会科学评估研究,主要是针对(实质性)政策的产出和结果。在(短期)"计划期"的改革情绪和乐观主义中,政策评估在其规范意义上是为了提高政策效果,并使产出效益最大化。④ E. R. House(1980)把政策评估看成是一种政治活动,除了为决策者提供服务,还注重资源与利益的再分配。⑤ 而 Stuart S. 和 Nagel(1983)⑥ 试图阐明政策评估

---

① Jaroslav Dvorak, "A Theoretical Interpretation of Policy Evaluation in the Context of Lithuanian Public Sector Reform", *Baltic Journal of Law Jamp Politics*, 2008, 1 (1).

② [美] 詹姆斯·E. 安德森:《公共决策》,唐亮译,华夏出版社1990年版。

③ Ludwig Guendel, "Evaluation, Public Policies, and Human Rights", *New Directions for Evaluation*, 2012, p. 134.

④ H. Wollmann, *Evaluation in Public Sector Reform*, Cheltenham: Edward Elgar, 2003.

⑤ E. R. House, *Evaluation with Validity*, Beverly Hill: Sage, 1980, p. 121.

⑥ Stuart S. Nagel, "Symposium: Is the Japanese Management Model Applicable to the American Public Sector?" *Public Productivity Review* Vol. 7, No. 2, Jun., 1983, pp. 143-172.

方法是有助于提高生产率的方法。政策评估方法可以被定义为一组技能，这些技能与决定哪一种公共政策可以最大化或增加效益，以不变的成本，最小化或降低成本，或最大化收益，以实现既定的目标。Jean-Pierre Nioche 和 Robert Poinsard（1985）[1]认为评估可能具有很高的价值，有助于增进对公共政策机制的理解，引导修改这些机制以更好地服务于公众，并提供一种让官员对其行为负责的手段。

(二) 政策评估与实际相结合的问题研究方面

Raphaëlle Ducret、Diana Diziain 和 Thomas Plantier（2016）[2]在合著的文章中对法国有关城市货运政策进行了分析。在文中提出了八项标准，对这些标准的性能水平进行了评估，从0级到4级由低到高进行排序。该准则涵盖公共运输政策的决定性因素。对于评估地方公共城市货运政策，并对其绩效规划进行改进至关重要。Jaroslav Dvorak（2008）基于立陶宛公共部门改革的背景对政策评估作出了理论解释。他认为政策评估实践可能会以不同的方式影响社会。在立陶宛，评估能力建设存在一些障碍，主要有：在评估自己的项目时缺乏经验；短期的政府的存在周期；缺乏议会对政策评估的需求和政府有效控制的能力有限；政治党派的软弱，扰乱了官僚机构的专业化，而官僚机构在享有声望的政策评估中没有发挥专长。[3]

Carmen Huckel Schneider、Andrew J. Milat 和 Gabriel Moore（2016）[4]分析了研究人员对卫生政策和规划进行评估的障碍和促进

---

[1] Jean-Pierre Nioche, Robert Poinsard, "Public Policy Evaluation in France", *Journal of Policy Analysis and Management*, Vol. 5, No. 1 (Autumn, 1985), pp. 58-72.

[2] Raphaëlle Ducret, Diana Diziain, Thomas Plantier, "Proposal for an Evaluation Grid for Analysing Local Public Urban Freight Policies: Strengths, Weaknesses and Opportunities for French Cities", *Transportation Research Procedia*, 2016, 12.

[3] Jaroslaw Ovorak, "A Theoretical Interpretation of Policy Evaluation in the Context of Lithuanian Public Sector Reform", *Baltic Journal of Law Jamp Politics*, 2008, 1 (1).

[4] Carmen Huckel Schneider, Andrew J. Milat, Gabriel Moore, "Barriers and Facilitators to Evaluation of Health Policies and Programs: Policymaker and Researcher Perspectives", *Evaluation and Program Planning*, 2016.

者。他们试图找出决策者和评估研究人员在制定政策或计划的关键早期阶段所遇到的障碍和促进者。通过研究发现公共卫生政策的政治性质与规划和评估的障碍之间存在着一种关系。明确评价障碍的具体性质，可以通过建立一种与评估相关的文化，来阐明政策制定者在寻求评估他们的计划时能够得到支持的适当方式。而 Frank P. Scioli, Jr (1979)[①] 从国家和地方层面探讨制约政策评估的若干问题。他们指出围绕项目评估的最普遍问题是资源的稀缺，它影响评估的各个方面，从最基本的数据收集活动到评估人员的质量和培训。评估中最有限的资源是培训评估者本人。当人们考虑国家和地方政府提供的项目的数量时，对它们进行评估需要一支名副其实的评估队伍。评估者需要广泛的跨学科背景和对社会科学方法论的深入理解。而这些是目前大多数评估人员所欠缺的。

政策评估在与实际相结合的过程中出现的问题较多，这也是国外学者研究的热点。他们往往结合国家的具体国情分析某项政策并找出相应的对策。

(三) 政策评估方法研究方面

Donald N. Rothblatt (1971)[②] 从成本收益角度分析公共政策。在效益方面他们又从政治和社会福利与经济效益两个维度进行分别阐述。通过分析地区的区域经济目标，明确地阐明获得用于投资的公共资金的最大回报，而这一回报将以增加的收入、工作机会和人民生活水平来衡量。Robert Walker (1997)[③] 则从另一个角度思考，他认为在对新政策的评估中，实验必须是一个重要的因素。实验的结果必须被小心地解释，最好是与其他来源的信息有关。他需要作出判断，以评估政

---

① Frank P. Scioli, Jr, "Problems and Prospects for Policy Evaluation", *Public Administration Review*, Vol. 39, No. 1 (Jan. -Feb, 1979), pp. 41-45.

② Donald N. Rothblatt, "An Approach to Public Policy Evaluation", *Land Economics*, Vol. 47, No. 3 (Aug, 1971), pp. 304-313.

③ Robert Walker, "Public Policy Evaluation in Centralized State", *Evalution*, Vol. 3, No. 3 (July, 1997), pp. 261-279.

策在其他地方和更大范围内的经验可以被复制到何种程度。这样的判断需要由研究团体根据独立的实验的特征和质量的评估,以及对政策领域的详细理解而得出的经验。此外,在全面实施后仍有必要对政策进行监控,这通常需要使用非实验方法。

二 公共政策第三方评估研究

2013年,国务院首次引入第三方评估机制,产生了一定的"震慑"效应,也带动了第三方评估的热潮。第三方评估以其专业性、独立性、权威性而越来越受到重视。

第三方评估在实践中大致有两种情形。第一种是委托第三方评估,它是处于第一方(评估委托方)和第二方(被评估对象)之外的另一方,按照"客户需求"进行评估,独立性和客观性受到挑战。第二种就是第三方独立评估。第三方应与第一方、第二方既无行政隶属关系又无经济利益牵扯。

目前国内学者对第三方评估的研究主要集中在政府绩效等特定领域的应用、评估机制与制度建设以及评估问题与对策研究。但在国外早已有第三方评估相关方面的研究,根据整理文献可知国外学者大多比较关注第三方评估的方法和策略、独立性和客观性问题以及功能研究方面等。

(一)第三方评估的方法和策略研究方面

在过去的几十年里,国外学者们对政府机构给予了一定的关注,而大多数工作的主要焦点是国家官僚机构,学者们经常分析行政人员、立法部门或利益集团的独立和独特的影响,缺乏第三方参与者的联合影响的经验评估。

Christine A. Kelleher 和 Susan Webb Yackee(2006)[①] 对第三方在国家机构决策和政策上的影响程度与策略进行了深入的探讨。他们构建

---

① Christine A. Kelleher, Susan Webb Yackee, "Who's Whispering in Your Ear? The Influence of Third Parties over State Agency Decisions", *Political Research Quarterly*, Vol. 59, No. 4 (Dec, 2006), pp. 629-643.

了一个新的混合横截面数据集,研究使用美国国家管理员项目从1978年到1998年对国家机构负责人检查的第三方评估。实证结果表明,第三方评估是国家机构负责人压力的重要来源。第三方非正式互动超越了现有的政治或法律框架,经常发生在大多数政治观察者的雷达屏幕之下,他们的研究提供了强有力的证据,证明第三方的参与者和政府官员之间的相互作用会影响机构领导层在预算、重大决策、政府规则和监管方面的决策。

Ogul 和 Morris(1976)[1]认为第三方经常采用正式和非正式的策略,试图影响官僚们在政策制定和实施上的决策。而以往国家政策形成和实施过程中经常忽视参与者的态度、观点和判断,以及国家机构对第三方影响力的评估。

Mitesh Kataria 和 Fabian Winter(2013)[2]在承诺效果的实验基础上探讨了在信任问题中第三方评估与利益冲突。他们认为,受到激励的评估机制的影响,评估人员会选择在相同的高水平上进行积极的评估,它能吸引情感方面与心理方面的影响,使用诚实的陈述可以显著减少评估的偏差。

(二)第三方评估保持独立性和客观性的问题研究方面

Rossi、Freeman 和 Lipsey(1999)[3]认为方案评估的合法性是使用社会研究方法系统地调查社会干预方案的有效性,以适应其政治和组织环境的方式,旨在通过社会行动改善社会条件的几个因素,包括研究设计的质量、测量技术的准确性和评估人员的独立性。重要的是,评估的独立性来自于这样一种看法,即负责进行评估的人对研究结果或项目或政策的管理不感兴趣。

---

[1] Ogul, Morris. 1976, *Congress Oversees the Bureaucracy*. Pittsburgh, PA: University of Pittsburgh.

[2] Mitesh Kataria, Fabian Winter, "Third Party Assessments in Trust Problems with Conflict of Interest: An Experiment on the Effects of Promises", *Economics Letters* 120 (2013), pp.53-56.

[3] Rossi, P. H., Freeman H. E., & Lipsey, M. W. (1999). *Evaluation: A systematic approach*. Thousand Oaks, CA: Sage.

Weimer（2005）①认为在进行项目评估时，通常通过选择过程确定和雇佣负责设计和实施评估的人员或组织来确定独立性。在项目评估中独立的概念与政府官员坚持实现中立性有关。能够熟练地完成政府的工作，并且按照明确的、客观的标准来做，而不是个人或党派或其他义务和忠诚。

David A. Reingold（2008）②则分析了政府支持的评估和政策研究能否独立？公共联邦机构通常会为评估服务而签订合同，有时这是由机构自行决定的。然而，规定由第三方进行评估的情况更为常见。通过合同采购评估服务，确保进行评估的人员不受正在进行的管理项目的直接控制。但是对一个组织或其员工进行评估的控制与对评估本身的控制是不同的。当通过合同购买评估服务时，采购机构对所提供的服务的所有方面都是可控制的。机构对评估的控制可能会造成许多问题。例如，是否应该让购买评估服务的代理商有机会对研究初稿进行审查和评估？当评估人员知道未能满足这些要求可能直接影响该机构及时发布结果的意愿时，他们应接受对研究初稿的哪些修改？评估人员在报道评估结果时的职责是什么？他们是否应该强调积极的结果，尽量减少消极结果，就像那些购买评估服务的人所希望的那样？这些问题都值得我们思考。

为了确保评估的客观、独立和公正，负责监督第三方评估机构工作的公共行政人员的管理职责和道德行为也是至关重要的。Robert Picciotto（2013）③提出了一个关于组织中独立和自我评估角色的规范性框架。它借鉴了组织理论，以及在世界银行独立评估小组（1992—

---

① Weimer, D. L. (2005), "Institutionalizing Neutrally Competent Policy Analysis: Resources Forpromoting Objectivity and Balance in Consolidating Democracies", *Policy Studies Journal*, 33, pp 131-146.

② David A. Reingold, "Can Government-Supported Evaluation and Policy Research Be Independent?" *Journal of Policy Analysis and Management*, Vol. 27, No. 4 (Autumn, 2008), pp. 934-941.

③ Robert Picciotto, "Evaluation Independence in Organizations", *Journal of Multi Disciplinary Evaluation*, Volume 9, Issue 20, 2013.

2002年）的掌舵人的经验。在评估界内部，很少有人关注评估的管理问题，评估的独立性常常被视为评估者应遵守的道德标准，以便产生公正的分析和可信的结论。这种狭隘的、个人主义的评估独立性概念产生了一些后果，它排除了对功能和结构独立性的审查，忽略了评估人员对现实世界经常受到的公开和隐蔽的压力。除少数例外，专员的作用并没有被认为是评估质量的关键因素。相反，评估质量主要取决于评估者的能力、现有的程序安排、方法适当性和透明度。

（三）第三方评估功能研究方面

Bob Tanner（2000）[①] 将第三方评估用于食品的认证。独立的、第三方的参与可以为改善食品安全、遵守食品法律法规作出贡献。经过认证的评估认证机构，拥有广泛的经验和专业知识，通过提供可替代的、成本的服务来支持食品行业和监管机构。监管机构也越来越多地求助于已认证的第三方机构，以实现他们的目标。

Maki Hatanaka、Carmen Bain 和 Lawrence Busch（2005）[②] 在同意 Bob Tanner 观点以外，探讨了第三方认证机构已成为全球农业食品体系中的一种具有象征意义的监管机制。它重新调整了从公共到私人管理的更广泛的转变。第三方认证与评估正在重新调整超级市场的力量，以规范全球的农业食品体系。

对于第三方评估的研究，国外学者还探讨了它的发展困境与对策。例如，国外慈善组织比较发达，但也会出现公信力问题，受到外界的质疑。这时需要第三方评估机构起到宣传作用，恢复公众对慈善组织的信任。但由于信息的不对称，给第三方评估机构评估慈善组织的公信力带来很大的困难。

国外学者对公共政策第三方评估研究的文献很少，大部分是把二

[①] Bob Tanner, "Independent Assessment by Third-party Certification Bodies", *Food Control* 11 (2000), pp. 415-417.

[②] Maki Hatanaka, Carmen Bain, Lawrence Busch, "Third-party certiWcation in the Global Agrifood System", *Food Policy* 30 (2005), pp. 354-369.

者分开单独研究。在已有的文献研究中，国外学者关注的焦点依然是公共政策评估和第三方评估。对于公共政策评估而言，研究方向集中在评估目的、问题和方法上，还有部分学者研究评估原则和程序等。对于第三方评估而言，学者则比较关注评估方法和功能以及第三方评估机构的独立性、公正性问题。

  对于我国而言，精准扶贫政策的第三方评估对我国经济的发展意义重大，让第三方评估机构充分参与扶贫开发工作成效的考核，改变了以往评估主体单一的问题。它是一种必要而有效的外部制衡机制，可有效反映出整个考核过程的透明度和公众充分的参与度。

第一章　公共政策第三方评估理论与方法

第三方评估起源于项目评估,是由 20 世纪 50 年代美国古典经济学派的微观效益分析演变而来的。所以,第三方评估最初的理论与方法都是经济学的成本收益分析。

在 20 世纪 70 年代之后,随着公共管理学、系统论、信息论和可持续发展理论的兴起,第三方评估的理论与方法也进一步扩展,产生了诸如动态管理、反馈控制、治理善治等第三方评估的理论和方法。

第一节　公共政策评估基础理论

一　项目可行性研究

公共政策作为一种典型的"体验商品",它的政策效果只有在付诸实施后体现出来。即政策可行性研究基本是一种事前判断,需要政策制定者和评估者充分考虑人力、物力、财力和科技水平等方面的资源和内外部环境因素及公众的需求等社会状况,分析项目投资的必要性,从而客观、公正和合理地作出分析与决策。

(一) 可行性研究方法的引入

可行性研究作为一种科学方法,20 世纪 30 年代初最早由美国在开发田纳西河流域时将其列入开发程序。我国在"一五"计划期间从苏联引进"方案研究"和"建设意见书"等项目研究的理论和方法。①随着改革开放的深入,我国许多建设项目由于缺乏科学合理的评估,加上盲目规划与投资,导致资源的大规模浪费,造成重大的经济和社会损失,影响国民经济的发展。

而国外可行性研究发展已有40年之久,理论已趋于成熟,我国也开始把目光转向国外,在20世纪80年代初引进项目可行性研究技术,加强项目投资决策科学化和民主化分析,逐渐被引入全国各地的建设项目中。实践也表明,可行性论证充分的项目,基本都取得了不错的经济和社会效益。

(二) 项目可行性的标准

对公共政策的分析评价,实质上是按照一定标准对政策过程的效果进行评判的活动。科学客观的评估标准,能增强项目的可行性研究,减少人为因素对评估结果的干扰,同时使评估者更易于掌握评估要领,提高评估效率。

一般而言,主要有以下标准。

1. 政治价值标准

科学的政治价值标准要符合社会公众利益,政策可行性研究必须把最广大人民群众的根本利益放在首位,"以人为本"做到不以牺牲人民利益为代价投资生产发展经济。

2. 生产力标准

生产力标准是衡量一项政策是否符合社会基本发展方向的基本标准。项目的实施必须保证能提升生产力水平,否则将会是无效的政策,影响经济的正常运行,必须作出适当调整或者终结此项政策。

3. 成本效益标准

成本效益分析使决策更为客观理性。一般摒弃那些成本耗费大且利润少的项目或方案,减少资源的浪费与破坏,选择最佳方案是政策

---

① 谭运嘉、林艳:《我国可行性研究的引入与发展》,《技术经济与管理研究》2009年第2期。

评估的重要考量标准之一。

4. 伦理道德标准

政策方案或项目的实施要在人民群众心理可承受的范围之内,符合社会普遍认同的道德规范和伦理准则。

5. 事实标准

按照公共政策实际执行过程中在技术以及数据方面取得的结果,以存在的事实为基础。

(三) 可行性研究的内容

1. 经济可行性

项目的建设要有足够的资金和其他资源的保障,并能有效配置经济资源。评价项目在增加就业机会、改善环境、提升人民生活水平和促进区域协调发展等方面的效益。

2. 技术可行性

必须保证在现有的技术水平条件下能完成项目建设,合理设计技术方案,量力而行地进行比选和评价。

3. 时间可行性

在规定的期限内完成既定的目标和任务,做好时间规划与安排,完成一项计划不要超过预定期限,应该有一个时间期限和工作进度要求。

4. 社会可行性

主要分析项目对社会的影响,包括社会公平与稳定、社会秩序、法律道德、宗教民族等。公共政策越符合实际,可行性越高,政策执行阻力就会越小。高质量的公共政策方案才能够连续、稳定地被执行,政策目标就容易实现,才有利于维护公共政策权威。

二 动态管理

(一) 动态控制的内涵

政策动态控制是一种随着政策实施对政策过程进行实时监控的先

进的控制方法，目的是保证政策活动符合计划的要求，以有效地实现预期为目标。在政策评估中发挥着重要的监督指导作用，是一种典型的事中评估。它是一种面向未来的控制方法，它的目标结果和预测结果都是未来的。动态控制的方法在企业管理的战略控制中较为普遍，在公共部门中的运用较少，是未来的主要发展趋势。

（二）动态控制的步骤与基本环节

项目实施过程中主客观条件的变化是绝对的，不变是相对的。它在本质上是一个不断变化、循环运行的过程。因此，在项目监测过程中，时时关注政策走向和趋势，找出与项目计划的偏差并进行分析，将不利影响扼杀在摇篮里或者避免其扩散，时刻做好政策调整或政策终结的准备。如果等到偏差已经非常明晰时采取补救措施，这时已经于事无补了，重大失误已经出现，社会发生动乱与恐慌，造成无法挽回的局面。

因此，动态控制应有一套完备的预警与控制系统：（1）政策项目或方案实施前做好准备工作，为需要控制的对象建立一条警戒线；（2）时时关注政策走向与舆论大众反应；（3）反映政策方案或项目的数据一旦超过这条警戒线，提醒政策制定主体采取措施防止偏差的产生与扩大。

控制过程包括三个基本环节的工作。首先要确立标准。制定标准是进行动态控制的基础，否则后续绩效评价或纠正偏差时就失去了客观依据。常用的几种标准主要有时间、行为、绩效标准。标准的内容涉及需要控制的对象，如政策效果，这种分析可以从政策回应度、政策效率或效益、公众满意度等多个角度进行。

其次是衡量工作成效。要求评估者及时掌握能够反映偏差是否产生并能判定其严重程度的信息，将政策效果与评价标准作比较，然后作出评价结论。通过衡量成绩，检验标准的客观性和有效性。

最后是采取管理行动。我们首先要做的是修订评价标准，对一些不符合实际的标准和出现的偏差进行修正，然后采取纠正行动。有些偏差不影响政策的最终效果,可以忽略不计。有些偏差则反映了政策执行中出现的与计划制定严重不符的问题。

因此,在动态控制中纠正偏差时要判断偏差的严重程度,探寻导致偏差产生的主要原因,确定纠偏措施的实施对象,最后选择恰当的纠偏措施。

公共政策在实施过程中的不同阶段有不同的表现和效果,随着客观条件的变化而不断进行调整,具有动态性特征。公共政策实施过程中的动态控制,有利于政府及时调整各种资源的投入状况,纠正各种偏差,减少在实施过程中产生的不必要的资源浪费,有利于国家制定正确的投资的大政方针。

三 公共治理

(一) 公共治理理论的兴起

1989年世界银行报告中的《南撒哈拉非洲:从危机走向可持续增长》,首次提出了与治理有关的观点。此后世界银行的《治理与发展》报告和联合国"全球治理委员会"的成立以及《全球治理》杂志的创办,使"治理"迅速成为学界探讨的热点。众多学者开始关注这一新兴名词,引发了一股延续至今的热潮。

公共治理的兴起,实际上是以西方发达国家政府的改革为背景。20世纪70年代的西方资本主义国家陷入经济"滞涨"时期,"福利国家"面临巨大的危机。政府部门的扩张,出现政府机构的自我膨胀,结果导致社会资源浪费、经济效益降低、资源配置效率低下、社会福利减少。[①] 公共治理理论在传统公共行政和新公共管理存在的"政府失灵"和"市场失灵"背景下探讨如何协调政府、市场和社会的关系,是西方国家政府为了更好地适应外部环境而采取的一系列对应措施和手段。

[①] 黎民:《公共管理学》,高等教育出版社2011年第2版,第37页。

(二) 治理与善治

治理是政治国家和公民之间的合作，需要双方的联合与互动。在传统社会里，社会主要靠国家单方面进行管理，政府的权力很大而且基本不受监督。随着现代社会的发展，众多纷繁复杂的社会事务致使政府的管理开始力不从心，由此导致政府失灵。具体表现为政府工作效率低下且行政成本增加，政策时常变动导致社会秩序动荡，对民众回应力低下导致民众满意度低。在这种情况下，社会需要国家和公民共同治理，强调公共利益，依靠合作网络的权威，而不是政府的权威。

关于善治的含义，俞可平教授认为："善治就是使公共利益最大化的公共管理过程。善治的本质特征，就在于它是政府与公民对公共生活的合作管理，是政治国家与市民社会的一种新颖关系，是两者的最佳状态。"[①] 他认为善治具有合法性、透明性、责任性、法制性、回应性和有效性等六个基本要素。

(三) 未来公共治理的基础

Meredith Edwards 等人认为，十几年前的经济合作与发展组织（OECD）预示未来公共治理的根本变化，它主要确认了三点重要信息：其一，传统的政府形式变得无效；其二，预计未来将变得重要的新形式的治理将涉及更广泛的行为者；其三，治理系统的主要特点预期会改变，特别是组织结构的持久性和权力。[②]

等级治理关系在最近几十年可以观察到，其中围绕组织、部门或国家的界限是清晰明确的，更多的是水平或合作的治理形式，边界在各组织和部门之间日益变得模糊。人们认为，权力（尽管既非全部转移也非主要转移）正从政府里的内部决策者转移到那些卷入公共政策过程的政府外的许多行为者。

不断变化的治理环境，可能会导致与标准的良好治理原则不一致

---

① 俞可平：《治理和善治：一种新的政治分析框架》，《南京社会科学》2001年第9期。

② Meredith Edwards, John Halligan, Bryan Horrigan and Geoffrey Nicoll, *Public Sector Governance in Australia*, Published by: ANU Press. (2012).

的治理实践。在未来十年人们所接受的善治体系，将不会过多地聚焦于内在适当的治理过程，而会更多地着眼于通过体系要素之间的有效互动来实现良好的组织绩效和更广泛的社会效果。我们越来越可以期望公共部门的成功领导能够推动复杂的多组织网络，鼓励个人和机构对共同目标的贡献，即使不是共享领导。

四 反馈控制

1948年，美国学者维纳《控制论》的出版，标志着控制论学科的诞生。在书中他提到了自动控制理论，这个理论最早可以追溯到中国汉代的指南针控制和古埃及的水车控制。而反馈则是控制理论中最重要的原理，能够有效动态修正系统，是自动控制的主要形式。

（一）反馈控制的过程

反馈控制又叫作闭环控制。它是一个稳定系统所必不可少的环节。它能够不断监测被控对象的输出值，通过事前、事中和事后反馈到控制系统中，并在实践中有效紧密地结合起来，形成源源不断的安全反馈闭合回路。反馈控制系统假定战略环境中存在相当多的不可预测因素，因此预先制定的程序必须根据外部环境的变化作出相应的调整。

反馈控制在公共政策评估中扮演的角色实际上就是信息反馈的过程。目标信息被决策机构所拥有，对受控对象采取指令，然后再输出信息。其中，决策机构会将目标信息反馈给受控对象，控制效果较好。若受到干扰，则控制效果不好，情况可能失控。因此，决策机构要重视反馈信息，制定的决策方案根据实际情况及时作出调整。

（二）反馈控制的方式

1. 前馈控制

前馈控制是指通过观察现实具体情况，根据前期通过各种途径收集到的信息进行整理，预计未来可能发生的问题，提前采取应对措施，将可能发生的偏差消除在萌芽状态中，以防未来出现不可控的局面。

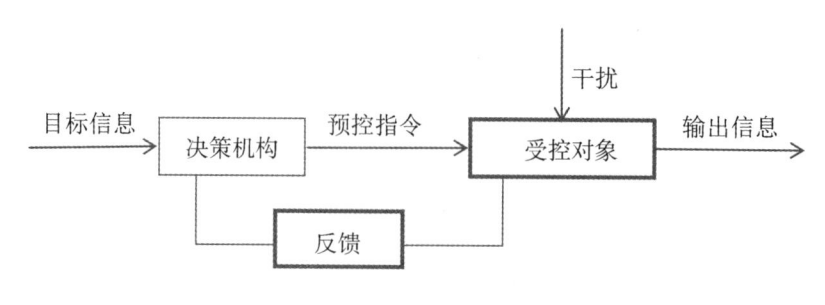

目标信息 → 决策机构 → 预控指令 → 受控对象 → 输出信息
（干扰 ↓ 作用于受控对象）
决策机构 ↔ 反馈

图 1-1　反馈控制流程图

2. 后馈控制

后馈控制是控制系统依据系统获得的终极结果，与最初的设计方针对比来控制。在对政策影响进行事后评估的基础上，对产生的不利影响分析研究并进行责任追究，查处不作为现象，最后总结经验教训。政策及计划项目结束后的评估结果，在下一阶段制定政策或预算时得到充分运用。

反馈控制是一种相对静态的控制方法，它既能保证目标的实现，同时又具有一定的灵活性和适应性。但它一般是事后调节行为，可能在政策执行过程中造成资源的浪费。

五　我国评估理论有待加强

我国 20 世纪 80 年代从西方引进了公共政策评估理论，发展速度较慢，没有建立起系统的理论和指导。因而，造成我国公共政策评估具有较大的盲目性。仍存在评估目的不明确、评估标准模糊，方法落后等问题。

第二节　公共政策评估方法和手段

公共政策系统可以简单地看作由政策主体、政策客体、政策媒介、政策环境四个部分组成。① 政策媒介是沟通政策主客体之间的桥梁和纽带，有效地连接着众多的政策要素，比如政策信息和组织。公共政策受内外环境的影响，处于持续不断的变化之中，绝大部分政策不会一成不变，会与时俱进地延续或改变或终结。但不管怎样，对公共政策的评估影响着政策的未来命运。

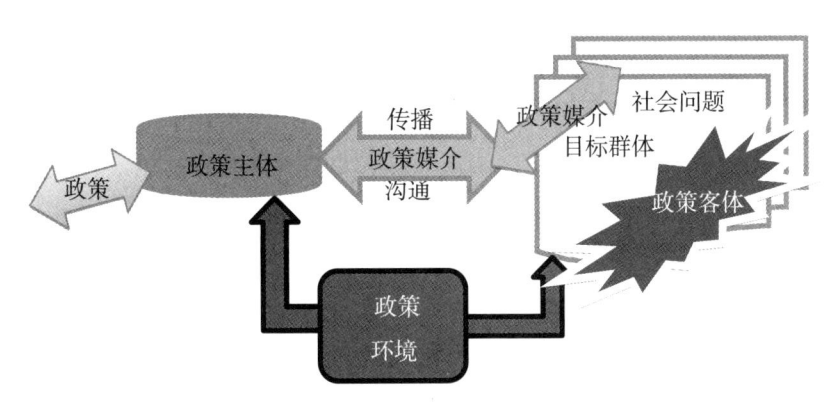

图 1-2 公共政策框架构成示意图

一 公共政策主体评估方法和手段

公共政策评估就是对政策的效果、效益、效率按照一定的标准进行价值判断的一种政治行为。② 公共政策评估的关键在于政策执行前要对公共政策进行充分的多方论证和评估，要对公共政策在执行过程中可能出现的阻力以及可能产生的结果进行充分的估计，也要对其进行跟踪评估，对公共政策的执行环节进行考评。最后要对政策执行结果进行评估，从执行的效果、效率和价值三个方面进行评估来决定公共政策的延续和终结。

公共政策主体主要指直接或间接参与公共政策制定、执行、评估和监控的个人、团体或组织，也是政治输出的行为主体。通常包括利

---

① 陈振明：《公共政策分析》，中国人民大学出版社 2003 年版。

② 同上。

用合法权力去制定公共政策的立法机关、行政机关、司法机关和政党等。政策的制定在一定程度上反映了政策主体间的价值偏好和利益博弈。因此，对政策主体的评估是公共政策评估的重要组成部分。主要有以下几种方法。

(一) 内部评估方法

1. 自评估

自评估是内部评估的一种方法，是公共部门进行评估时较为常用的一种评估手段，特别是政府绩效评估的一种重要的途径。

(1) 自评估的内涵

自评估是一种自我体验、自我审视和自我反省的过程。与外部评估相比，内部的自主性评估具有独特的体系特征、运行方式以及不可替代的价值功用。[①] 自评估机制的运行使评估主体处在一种不受外部行政指令制约或排序压力影响的自觉状态和主动状态。

(2) 自评估的价值

自评估有着自己独特的价值。政策主体的自评估有利于对公共政策有着更加深入的了解，容易获取全面的信息和资料，评价的结果也容易被采用。在设置评估指标体系时具有自主性和灵活性，能有效识别外部环境的变化情况，根据政策需要作出动态调整，避免处于被动地位，从而有利于降低评估成本。

在自评估时，政策主体更易发挥自觉主动性，客观真实地反映政策执行过程中遇到的问题，从而总结反思作出自评报告。同时自评估与他评估一起构成评估主体的多元化和互补性，减少单方面评估可能出现的不合理结果，使政策转向为公共利益服务。

(3) 自评估的缺陷

自评估易陷入"身在此山中"的困境。通常存在包庇自己的错误、降低要求和标准、隐瞒损失等问题。Christine A. Kelleher 和 Susan Webb

---

① 游家胜：《论高校内部自评估机制的系统构建》，《中国高教研究》2009 年第 2 期。

Yackee 认为第三方评估是国家机构负责人压力的重要来源。① 第三方的参与者和政府官员之间的相互作用会影响机构领导层在预算、重大决策、政府规则和监管方面的决策。从国际经验来看，公共政策评估的主体应该多元化。既要包括政党团体、立法机关等公共部门，也要充分吸纳社会组织、专业人士和公众的参与。建立利益相关者的多方参与机制，形成多元主体、多元化治理格局，特别是提高社会公众的参与度，从而提高评估工作的民众回应度和公信力。

政策主体的自评估会限制评估意见的输送渠道，有关事实的描述、得失的评判、责任、利益分配的全面性和真实可靠性等方面难以保障，而多元化评估则能较好地平衡多方利益诉求，客观公正地进行评判，赢得社会对公共政策评估工作的认同与支持。

2. 自上而下的评估方法

在我国，中央政府是总揽全局、治理社会、规范秩序的主要力量。自上而下的社会治理要求下级政府不能违背上级政府的命令，必须按照其要求办事。美国学者在《执行：联邦政府的期望在奥克兰市落空》一书中，采用"自上而下"的模式进行政策执行问题的研究，这种模式高度强调上级的控制、指挥系统和严密命令。

对政策主体的评估需要上级对下级的评估。因为行政系统本身就是一个上下层级节制系统，都要求上级领导下级，下级服从上级。在上级机关的评估中，具有权威性、强制性的上级机关能高效地监督下级政府，但在威权的作用下，自治空间就比较缺乏。

(二) *外部评估方法*

1. 伦理规范方法

作为对全社会的价值进行权威性分配的公共政策，公共性应是它的第一属性。但从理性经济人角度出发，政府部门及官员可能追求自

---

① Christine A. Kelleher, Susan Webb Yackee, "Who's Whispering in Your Ear? The Influence of Third Parties over State Agency Decisions", *Political Research Quarterly*, Vol. 59, No. 4 (Dec, 2006), pp. 629-643.

身利益或组织目标而非公共利益或社会福利,从而导致政策执行过程失灵。政策过程具有一定的随意性,政策质量与政策主体的价值取向密切相关,在很大程度上取决于政策主体的作为还是不作为。与客体之间的博弈结果也影响着政策执行的成效,带有个人的利益偏好和需求。因此,必须重视政策主体的合理价值诉求,防止工具理性的无限度扩张。① 从伦理角度评估与规范政策主体十分必要。

树立政策主体的责任意识,是伦理范畴的核心内容。将主体的主观和客观责任结合起来,明确责任的主体和具体承担的任务,不仅对法律、上下级、公民负责任,还要根植于政府人员内心的忠诚和信仰。责任意识的匮乏往往导致政策监控的缺失,忽略重要信息而无法有效应对突发性事件和及时进行调控,政策过程和结果由于产生偏差而不一致,影响政策的公共利益导向。

2. 第三方评估方法

一直以来,中国主要采取政府主导的监督与评价形式,即以政府部门组织的自我检查、自我评价(第一方评估)或上级主管部门对下级开展的评价(第二方评估)为主。② 由于第三方具有的专业性和独立性的特点和身份,与第一方和第二方无经济政治利益牵扯,便可有效规避官方"自说自话"式的评价模式,使考核结果符合大众期望和利益,更趋于客观现实和公众感受。

我国于2013年由国务院首次引入第三方评估机制,而第三方评估在国外发展已趋于成熟,我国在第三方评估方面还存在滞后性。但这次引进产生了一定的"震慑"效应,带动了第三方评估的热潮。第三方评估以其专业性、独立性、权威性而越来越受到重视。国外学者Ogul and Morris(1976)认为第三方经常采用正式和非正式的策略,试图影响官僚们在政策制定和实施上的决策。而以往国家政策在形成和

---

① 毛劲歌、庞观清:《公共政策过程中政策主体的伦理建设途径研究》,《中国行政管理》2015年第7期。

② 程燕林:《如何保证第三方评估的独立性》,《中国科技论坛》2017年第7期。

实施过程中经常忽视参与者的态度、观点和判断。① 因此，第三方对政策主体进行评估时，因与政策主体既无行政隶属关系又无经济利益关系，既能弥补政府权力寻租的缺陷，又能起到对政府官员威力震慑的作用。但是，这也使第三方评估机构在资金和人力上得不到保障，资料获取路径极为有限，保有量小。同时，其评估成果很难得到施政部门的承认和重视。

3. 自下而上评估方法

托马斯·R. 戴伊在《自上而下的政策制定》② 一书中全面评估了占统治地位的政治领袖是如何将自己的价值观念转化为公共政策过程，把握政策制定的主动权。政治领袖即精英集团们，公共政策制定和决策时公众对精英决策价值取向的影响很弱，精英和公众的沟通在很大程度上是自上而下的。

上述主要分析了公共政策制定过程中的一种精英决策模式，但公共政策的制定离不开利益相关者社会群众的参与。对政策的主体的评估，社会公众对政府进行自下而上的评估是一种重要的方法。政府内部评估难免存在"包庇"现象，公共政策在执行过程中存在"上有政策，下有对策"的形式，中央政府出台的政策，地方政府执行过程中"变了味"使政策发生偏差，而社会公众即政策受体就会产生反应，采取激进的反抗形式阻碍政策的执行。

因此，自下而上的评估满足了社会公众自身的利益价值需求或发泄自身情绪的需要。在与政府斡旋博弈的维权过程或斗争过程中，公民的个体行动逻辑和集体行动逻辑驱使他们阻碍不利于他们的政策的执行。

二 公共政策受体评估方法和手段

公共政策客体指公共政策所发生作用的对象，包括公共政策所要

---

① Ogul, Morris, 1976, *Congress Oversees the Bureaucracy*, Pittsburgh, PA: University of Pittsburgh.
② ［美］托马斯·R. 戴伊：《自上而下的政策制定》，中国人民大学出版社 2002 年版。

解决的社会问题即直接客体和所要对其产生作用和影响的社会成员即间接客体（目标群体）两个方面。从社会问题来看，严重的社会问题，不仅影响社会秩序，还会造成社会恐慌和动乱；同样，目标群体的需求或利益受到损害，也会影响到社会可持续发展。因此，对政策客体的评估也应从社会问题和目标群体即人和事两个方面进行评估。

（一）对社会问题评估的方法和手段

1. 风险评估方法

德国学者乌尔里希·贝克在《风险与社会》[①]一书中认为风险能够被界定为有体系的处理现代化本身而产生的危机和不安全感的状态。当然，贝克是从全球化社会的角度来定义的。在当代世界，风险以感觉和分析两种方式存在于我们的感觉和行动中。对于风险发生的概率、风险的严重性和风险不可预测性是风险的重要要素，但其核心要素是恶化后果的严重性即可能造成的损失（见图1-3）。因此，民众的潜在收益或损失就会更有风险或不确定性。只有预测潜在的损失，特别是损失严重时，风险才可能引起民众察觉并采取措施防范。但"风险评估"中的风险应该指作为分析的风险，它带给我们进行风险管理的逻辑、理由和科学描述。

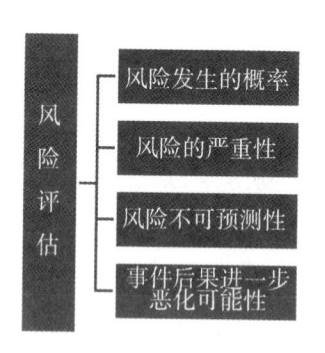

图1-3 评价法的层次结构图

在社会的不同领域或多或少存在大大小小的社会问题，要考察一

[①] ［德］乌尔里希·贝克：《风险与社会》，何博闻译，译林出版社2004年版。

个社会问题是否有上升到政策问题的必要时,需要对其进行影响程度评估。所以,评估风险是形成政策观点的基础。社会问题被纳入公共议程的程序是复杂和严格的,当社会问题影响到民众生活且被人察觉后,就会向公共部门反映,且只有当政府部门认为有解决的必要时,才可能进入政策议程。因此,对政策客体评估时,主要根据社会问题的风险程度和影响范围的广度来评估,以提高政府的应急管理能力。

风险评估方法的正确运用直接影响风险评估的可靠性和风险控制的有效性。从整体上对社会问题进行静态的风险评估,根据风险的四个重要要素进行风险排序,制定量化的标准来对社会问题风险指数予以客观评价。国外常采用德尔菲法使专家小组的意见趋于集中,专家通过评估来确定问题或危机的控制方向和方法,作出符合发展趋势的预测结论。同时还要进行动态风险评估,在动态风险评估中获取海量数据,剔除无效信息,进行有效的数据过滤。

当前,我国风险评估理论与方法还存在诸多不足和需要改进的地方。对社会重大问题的评估,应做到应评尽评,着力完善决策前风险评估,实施中风险管控和实施后效果评价、反馈纠偏、决策过错责任追究等操作性程序规范。①

2. 对比分析法

对比分析法在评估活动中的应用都较为普遍。任何政策的运行都会导致事务某些方面的变化。通过前后对比就能总览全局,预期目标的完成情况一目了然,同时可以预测政策未来走向。主要的对比分析方法有"前—后"简单对比分析、"投射—实施后"对比分析、"有—无"政策对比分析、"控制对象—实验对象"对比分析等多种方法。在这里对社会问题的评估我们采用"前—后"简单对比分析方法。

前后对比的方法简单有效,社会问题进入政策议程后,政府部门就会相继出台和推行实施公共政策。相比较政策实施前的社会状况,

---

① 朱正威、石佳、刘莹莹:《政策过程视野下重大公共政策风险评估及其关键因素识别》,《中国行政管理》2015 年第 7 期。

政策实施后所产生的总值与政策实施前可以衡量出的总值进行比较得出政策实施所带来的真实变化值。它涉及大量现实问题，并通过一系列数据表明政策实施后是否达到了政策主体的预期效果。通过问题解决前后即政策实施对比，我们可以认识并解决这个社会问题，以及发掘那些潜在的社会问题。

（二）对目标群体的评估

目标群体是公共政策发生作用的社会成员，是公共政策效用的承受者。政策失灵的原因除了公共政策本身质量、政策机制体制、政策资源和政策环境外，一个重要原因就是社会公众阻碍政策执行。社会公众即政策目标群体的心理、理性、利益、价值和环境因素等都是阻碍政策执行的原因。因此，对目标群体评估时应从多角度分析背后的深层次原因，而不仅局限于表象。

1. 利益导向的评估

从公共政策制定过程来看，政策主体与目标群体之间存在着利益博弈。各公共政策目标群体会利用各种制度内和制度外的手段表达他们各自的利益愿望，使他们自己的问题成为公共问题而进入政策议程。[①]然而，政策主体控制着最重要的资源。在利益分配时，很难保证公平与公正。特别是在利益多元化的社会里，各政策主体在维护自身利益最大化的情况下，很难做到向弱势群体倾斜。目标群体为维护自身权益，与政策主体博弈的结果就是公共政策是利益关系妥协的产物。

从制度激励的角度来看，目标群体对政策的反应态度也受政策与他们自身的利益相关程度的影响。利益相关程度越高，那么他们对政策的反应越明确和强烈。反之，则越模糊和冷漠。在现实生活中，政策执行过程中由于利益矛盾和冲突，目标群体的利益受到侵犯，引发不满与反抗，导致群体性事件的爆发。但当目标群体的自利性过渡膨胀时，可能会在利益的驱使下做一些违法的事。因此，对目标群体从

---

① 高建华：《影响公共政策有效执行之政策目标群体因素分析》，《学术论坛》2007年第6期。

利益相关者的角度进行评估,从而明确区分合法利益和不当利益,正确地制定公共政策。

2. 成本效益导向的评估

成本效益分析方法是经济学界和社会学界的经典分析方法,最早可追溯到19世纪的福利经济学。通过列出效益和费用诸因素,然后进行度量,最后综合平衡得出结论。比较成本与收益的经济效率是评估环境、卫生等政策的重要标准之一。目标群体成员的行动策略取决于其对公共政策收益与成本的权衡,往往希望投入最小成本来实现利益的最大化。如果遵从公共政策的执行要求比不遵从要求时所付出的代价小,一般包括所付出的物质资源消耗、时间人力上的成本和个人精力的消耗,这时目标群体一般会选择有利于他们的做法即遵从。反之,则阻碍政策的执行。

第三节 第三方评估在中国的兴起和作用

第三方评估是我国政府面对改革深化,社会需求不断多元化的现状所采用的一种有效的对公共政策进行评估的方式。党的十八届三中全会通过的《中共中央关于全面深化改革若干重大问题的决定》规定:"必须切实转变政府职能,深化行政体制改革,创新行政管理方式,增强政府公信力和执行力,建设法治政府和服务型政府。"李克强总理也多次指出[①],要用第三方评估促进政府管理方式改革创新,通过加强外部监督,更好地推动国务院各项政策的落实,进一步加强对政策落实的监督、推动,不断提高政府的公信力。所以,我国第三方评估的出现是为了加强对政府和政策监督的需要,是不断提高政府公信力的需要。

---

① 李克强:《用第三方评估促进政府管理方式改革创新》,新华网,2014年8月28日。

一 第三方评估在中国的兴起

2013年9月6日,国务院总理李克强主持召开国务院常务会议,听取民间投资政策落实情况第三方评估汇报,研究部署有效落实引导民间投资激发活力健康发展的措施。这是李克强总理最早一次提出运用第三方评估来对政策绩效进行检查。他强调:"注重引入社会力量开展第三方评估,接受各方监督,不能'自拉自唱'。"第三方评估全面铺开是在2014年。2014年8月28日李克强总理在国务院常务会议上强调,要用第三方评估促进政府管理方式改革创新,使第三方评估成为政府工作的常规机制。随后,第三方评估在政府各部门尤其是在精准扶贫政策成效考核中得到全面运用。《中共中央办公厅国务院办公厅关于印发〈省级党委和政府扶贫开发工作成效考核办法〉的通知》明确要求,国务院扶贫开发领导小组要委托有资质的第三方组织,采取多种方式,对精准扶贫的相关考核指标进行评估。由此,第三方评估成为我国精准扶贫政策评估的主导方式。第三方评估是近年来逐渐被广泛应用的一种行之有效的评估方法,其应用范围也在逐渐扩大,取得的实效也渐趋明显,并逐渐运用于政府绩效、慈善组织、社会组织以及高等教育等领域的第三方评估。党的十九大以来,立法领域也正在探索引入第三方评估,避免立法久拖不决。第三方评估在我国正与新时代的新特点相结合,稳步发展。

(一) 第三方评估的含义

第三方评估是为了加快实现国家治理体系和治理能力现代化的目标,由独立于被评对象与其服务对象的组织并具有独立性、专业性以及能够独立承担法律责任的第三方主体对国家公共政策、重大项目以及能够促进社会发展的组织和项目的评估。[①]

第三方评估的目标是为了适应我国现阶段新时代和新特点的需要,

---

① 何炜:《第三方评估视野下的行政执行"中梗阻"治理研究》,《西南交通大学学报》(社会科学版) 2015年第16卷第6期。

适应政府体制机制改革以及社会组织创新发展的要求，回应公众对政府以及社会组织发展的关切，从而促进国家治理体系和治理能力的现代化。

第三方指的是独立于被评对象以及被评对象的服务对象的第三方组织，其处于一个旁观者的独立地位。

第三方评估的主体必须具备三个特点：一是评估主体的独立性，即评估主体与被评对象之间不能存在利益共享关系，从而保证评估结果的客观性；二是评估主体的专业性，即评估主体具备足够的理论基础与评估经验，能够对被评对象作深入了解，拥有全面评估被评对象的能力和实力，这是保证评估结果科学性的必要条件；三是评估主体能够独立承担法律责任，第三方评估主体必须拥有合法的资质，必须能够对自己的评估行为承担相应的法律责任，能够做到结果可追溯，责任可承担。

第三方评估的客体主要涉及公共领域，但并不局限，只要有利于实现政府体制机制创新以及社会创新发展的组织和项目都可以引进第三方评估。主要包括公共政策、政府绩效、慈善组织、社会组织等方面。

（二）第三方评估的兴起背景

第三方评估于 20 世纪 20 年代发轫于西方的英美等发达国家，经过几十年的发展已经相当成熟，有效推动了西方国家政府的改革与发展，但是在中国，第三方评估从 20 世纪 80 年代后期才逐渐出现。[①]

政策的生命在于落实，一项政策得到良好贯彻才能完成它的使命。但在实际情况中，我国的政策执行效果并不乐观，上有政策，下有对策，政策执行不到位的问题突出，严重降低了政府绩效和政府的公信力。

随着社会主义市场经济的发展，在政府内部上级对下级的集权也相对减弱，这虽然极大提高了下级政府的自主性与积极性，但与之相

---

① 孟惠南：《第三方评估在我国政府绩效评估中的应用》，《领导科学》2012 年第 23 期。

伴的是下级政府在政府运作过程中缺乏制约。下级政府或为了自身利益对一些重要指标存在瞒报或不报的情况，导致上级不能准确掌握下级政府的工作状况，从而阻碍政策的贯彻与社会的有效发展。这种上下级之间的"信息不对称"严重制约着政府的现代化建设。

为了改善政府的现状，建设有效的现代化政府，政府自身也在尝试探索对政府工作的评估办法，主要包括政府内部的自评估或者政府服务对象的评估。政府内部自评估的结果往往是对自我政绩的梳理与标榜，他们既是"运动员"，又是"裁判员"，评估结果往往不具备可参考性；而政府服务对象对政府的评估也存在不合理之处，政府作为评估活动的组织者，是强势的一方，往往向其服务对象展示好的一面，而掩饰不足的地方。最终评估结果是由政府把关，对政府不利的评估结果往往不会公布，从而很难起到真正的监督作用。

而第三方评估具有其特有的独立性，其独立地位决定了其与被评单位不存在利益共谋，可以从一个客观、公正的视角来对政府部门进行全方位的评估，使得政府内部的不足得到暴露，不给政府进行自我掩饰的机会，能够对政府的工作进行公正客观的评价。这样也可以避免信息不对称的出现，使得上级政府能够了解下级的工作实效；使得公众能够了解政府的工作现状；使得被评估的政府部门切实感到压力，从而从实际上提高政府的绩效。因此，在我国发展第三方评估具有重要的意义。

(三) 第三方评估的发展阶段

1. 第一阶段：第三方评估初步探索

改革开放之前，我国实行高度集中的政治经济体制，政府内部从上至下通过高度集权来进行管理。这个时候还不存在对政府绩效的评估。改革开放之后，我国将国家的工作重心转移到了经济建设上来，为了适应经济建设的目标，改革僵化的政府体制，我国从西方引进了政府绩效管理，以此来提高我国政府的工作绩效，与之相配套的是，逐渐出现了一些对政府的工作成效进行衡量与评价的工作方法和工作组织。首先出现的便是1986—1992年间政府内部的民意测验,^①从而进行自我评价、自我完善,提高绩效。与此同时,在改革潮流的推动下,渐渐出现了一些半独立的民间社会调查机构,比如中国社会调查所是中国首家开展民意测验和社会调查的专业机构。

1992年召开的中共十四大,明确提出建立社会主义市场经济体制的改革目标,极大地激发了社会活力,也为政府职能转变提出了新的迫切要求。为了提高政府绩效,适应社会主义市场经济的需要,许多政府部门也在逐渐探索适应我国现状的外部评价机制。影响较大的就是20世纪90年代末的"万人评政府"活动,[②]广大市民随机被动参与对政府的评估和建议,开创了民众参与政府绩效评估的先河。第三方评估逐渐被一些政府部门所尝试,从而推动了第三方评估在我国的初步发展。

2. 第二阶段:第三方评估正式形成

2004年12月,兰州大学成立了中国第一家由民间发起的地方政府绩效评估机构,开创了由第三方高校所组成的学术性课题组评价政府的新局面。随后在浙江大学、华南理工大学等高校也积极地进行了第三方评估的实践。高校专家第三方评估模式的出现对中国第三方评估的探索产生了重大的影响,以此为开端,多种第三方评估模式也相继出现。

2006年4月,武汉市政府邀请具有全球影响力的管理咨询机构麦肯锡公司作为第三方对武汉市政府的绩效进行全面评估。这是我国政府机构首次在政府绩效评估中引入专业评估公司。同年11月,厦门市思明区政府引入福州博智市场研究有限公司作为第三方对思明区的群众满意度进行了评估。[③]第三方评估的专业公司模式也开始出现,从此

---

① 段红梅:《我国政府绩效第三方评估的研究》,《河南师范大学学报》(哲学社会科学版)2009年第36卷第6期。

② 何炜:《第三方评估视野下的行政执行"中梗阻"治理研究》,《西南交通大学学报》(社会科学版)2015年第16卷第6期。

③ 孟惠南:《第三方评估在我国政府绩效评估中的应用》,《领导科学》2012年第23期。

之后，各地政府和社会组织便广泛应用这种模式来对自己的工作绩效进行评估，第三方评估的模式也更加多样化。

3. 第三阶段：第三方评估上升到国家层面

为了促进国家政策的有效实施，2014年6月国务院对出台的政策措施落实情况开展了第一次全面督察。这次督察的创新点在于在督察中引入了"第三方评估"。此次国务院引入的第三方既非政策制定者，也非政策执行者，体现了第三方的独立性，其实质是一种更客观的社会监督。

受邀的第三方评估机构分别为全国工商联、国务院发展研究中心、国家行政学院和中国科学院。从6月到8月中旬，全国工商联负责"落实企业投资自主权，向非国有资本推出一批投资项目的政策措施"的落实情况；国务院发展研究中心负责"加快棚户区改造，加大安居工程建设力度"和"实行精准扶贫"两项政策的落实情况；国家行政学院负责"取消和下放行政审批事项、激发企业和市场活力"的政策落实情况；中国科学院负责"国务院重大水利工程及农村饮水安全政策措施"的落实情况。[①]

8月27日在国务院常务会议上，李克强总理听取了第三方评估汇报。第三方评估是政府改革的一大创新，对于政府机构了解最真实的底层声音，借助外部力量帮助政府找准症结，对症下药，增强督察实效具有重大作用。揭示出了政策执行过程中面临的"推诿扯皮、拖延应付"等庸政懒政行为，从而提高政府的绩效和公信力。

党的十八届四中全会通过的《关于全面推进依法治国若干重大问题的决定》提出的第三方评估制度标志着第三方评估正式上升为国家意志，对于第三方评估在我国的发展完善指明了方向。

（四）第三方评估的现状与发展

第三方评估始于政府绩效，但不仅限于对政府绩效的评估。目前，

---

① 《国务院督查引入第三方评估的启示：政府管理方式的重大创新》，中国青年网，2014年8月31日。

第三方评估已经广泛应用于慈善组织、高等教育、社会组织等领域。第三方评估专业公司也不断增加，主要有成立于1994年的北京美兰德信息咨询有限公司、第三方评估网以及由零点有数和上海闻政共同投资发起的第三方评估平台。它们的主要功能有政府及社会公共服务调研、公共政策和公共项目第三方评估、公共服务满意度测评与提升解决方案等。专业第三方评估公司的不断发展对我国第三方评估的专业化具有重要意义。

虽然国内的第三方评估发展迅猛，第三方评估模式也逐渐增加，但在评估指标和评估流程方面还没有形成一定的模式，而且还没有较权威的评估规范。面对当前政府以及社会对第三方评估的需求，如果没有好的培育土壤与宽容的态度以及健全的法律制度规范，那么国内的第三方评估行业就无法健康快速地发展，真正的第三方评估就无法到来。

第三方评估关键在于独立，因此要鼓励专业评估机构的发展与完善，探索建立地位独立、财政独立的真正意义上的第三方，从而促进我国第三方评估事业的发展。要加快第三方评估规范的建立与完善。目前第三方评估模式众多，评估也不尽完善，科学性也参差不齐，因此加快建立第三方评估行业规范对于第三方评估在我国的发展与完善具有重要的推动作用。要建立相应的第三方评估法律法规，从法律上保障第三方机构的独立地位，使得第三方评估活动受到法律的保护，从而为第三方评估在我国的发展营造良好的法制环境。

二 第三方评估的意义和作用

第三方评估的实质是外部评估，因其特有的独立性、专业性和科学性而深受社会和公众的认可。第三方评估弥补了政府体制内评估的缺陷，开创了全新的高效的评估模式，对于当前我国的政府转型以及社会创新发展具有重要的意义和作用。

（一）保证评估结果的客观公正

政府以及部门内部自评估有其难以摆脱的弊端，在复杂的利益交错下的评估结果往往难以服众，更不用说起到监督政府、改革政府行为，提高政府绩效了。而第三方评估部门恰恰能够避免政府既是"运动员"又是"裁判员"的身份尴尬与利益牵绊，① 又因其自身具有的独立性、专业性和科学性，有效地弥补了政府内部自评估的局限性。从而能够发现问题并找到原因，保证评估结果的客观公正，提升评估结果的公信力，不断推进公共决策的科学化、民主化和法治化进程。

（二）向被评估者传递良性压力

政府以及部门内部的自评估往往是为了应付上级的考核目标以及公众的呼吁，由部门内部开展的一项自我检查。其初衷很少是进行自我革新、自我监督，因此评估结果往往成为了晒政绩与自我标榜，失去了评估的意义，也很难对政府以及部门内部存在的问题形成改革压力。

在对政府以及部门的评估中引入第三方评估则会改变这种状况。由于第三方评估主体所拥有的独立性②决定了第三方的评估指标以及评估流程都不受被评估部门的干涉，从而杜绝了被评估部门为了获得良好的评估结果而进行暗箱操作的可能性。由此得出的评估结果往往不会满足被评估者粉饰太平的愿望，而会客观真实地将被评估者的优势以及存在的问题进行披露，从而对被评估部门造成很大的心理压力，这种压力是来自评估部门以及广大公众的客观的良性压力。③ 从而使政府以及部门走出舒适区，为了改善自我形象在一定的压力下主动刀刃向内、自我革新，从而推动政府变革以及社会组织的创新发展。

（三）拓展民主参与的途径

第三方评估是一种客观、专业、有效的评估方法，其结果往往更

---

① 陈潭：《第三方治理：理论范式与实践逻辑》，《政治学研究》2017年第1期。
② 郑方辉、陈佃慧：《论第三方评价政府绩效的独立性》，《广东行政学院学报》2010年第22卷第2期。
③ 林鸿潮：《第三方评估政府法治绩效的优势、难点与实现途径——以对社会矛盾化解和行政纠纷解决的评估为例》，《中国政法大学学报》2014年第4期。

具有公信力和权威性，也更能得到公民的认可。因此，第三方评估能够调动公民参与的积极性与热情、促进政府与公众之间相互了解、信任与合作，改善政府公共关系、通过第三方评估积极参政议政、对政府进行监督，以社会评价方式影响政府行为。[1]

公民可以以专业的第三方评估机构为依托，向第三方评估机构反映政策执行以及社会组织运行的现状和存在的问题，从而促使第三方评估机构能够更加科学合理地作出评估结果。

（四）有利于推动多方共治

从政府以及部门内部主导的自评估到第三方评估机制的建立，一方面，体现了政府以及社会组织发展中多元主体协同治理[2]的总体思路；另一方面，也表明第三方评估主体参与并监督政府以及社会组织的实践切实有效。第三方评估机制的建立，将是又一高效的监督主体的出现，第三方评估机构作为一种强有力的监督机制，有效弥补了公众监督的不足，能够更有针对性、更有效地对政府以及社会组织的行为形成制约。

第三方评估克服了政府以及部门内部自评估中的权力滥用和内部人员干涉的现象，实现以评促建。通过科学性、专业化的评估结果引导和推动政府以及社会组织健康有序地发展，对推动多方共治都具有重要的社会价值和意义。

（五）推动我国治理体系和治理能力的现代化

第三方评估机制作为一种新而有效的评估方法，为我国政府体制改革以及治理能力的提升注入了新的活力。但与此同时我们也要直面第三方评估所暴露出来的问题，要有壮士断腕的勇气，对政府进行革新，脱胎换骨，使政府以及社会发展拥有充足的动力。

第三方评估的引入有利于增强政府的责任心和使命感，站在公民

---

[1] 孟惠南：《第三方评估在我国政府绩效评估中的应用》，《领导科学》2012年第23期。
[2] 崔月琴、龚小碟：《支持性评估与社会组织治理转型——基于第三方评估机构的实践分析》，《国家行政学院学报》2017年第4期。

的角度，从公民需求出发，对大众负责。因此，第三方评估在政府治理中的运用，可以改变单向命令式和被动服从型的传统管理方式，对于建设服务型政府，推动我国治理体系和治理能力现代化具有重要的意义和作用。

第二章 扶贫与精准扶贫政策演变

我国扶贫与精准扶贫政策大致经历了五个发展阶段。1978—1985年，农村经济体制改革推动扶贫时期，扶贫是通过农村经济体制改革释放的发展动力，在政策上更多的是通过专项政策实现的；1986—1993年，大规模农村扶贫开发时期，我国自上而下建立了扶贫开发组织网络和政府机构，标志着中国扶贫工作开始由救济性扶贫向开发式扶贫转变；1994—2000年，八七扶贫攻坚时期，继续坚持开发式扶贫的方针；2001—2010年，《中国农村扶贫开发纲要（2001—2010）》实施阶段，单纯解决温饱问题已不是扶贫开发工作的最终目标，扶贫开发工作开始转向缩小差距及缓解农村内部分化产生的矛盾；自2011年至今，为《中国农村扶贫开发纲要（2011—2020）》及精准扶贫政策实施阶段，该阶段扶贫工作的开展主要强调在扶贫对象、项目安排、资金使用、措施到位、因村派人、脱贫成效等六个方面要精准，标志着精准扶贫工作思想体系的形成。

第一节 国外扶贫政策的演变

一 发达国家的扶贫政策

贫困问题是各个国家在发展过程中不可回避的社会和经济问题，

缓解并最终战胜贫困是世界各国需要共同承担的社会责任。"扶贫"一词主要为中国所使用，国外则将贫困问题的解决称之为"反贫困"（为了表述一致，我们把国内外的扶贫和反贫困统称为扶贫），因为各个国家的社会经济发展水平不同，其国内贫困线的划分标准、贫困人口数量也有着明显区别，进而使得各国所实施的扶贫政策也各具特色。总的来看，广大发展中国家的贫困人口数量及国内贫困综合发生率都远远高于发达国家，而且，兼具农村贫困及城市贫困的双重困扰。就致贫原因而言，经济及社会资源匮乏是发展中国家贫困综合发生率居高不下的主要原因，而发达国家贫困的产生原因则是因失业、制度等形成的结构性贫困。各国基于各自的贫困特点及其致贫原因实施了系列针对性的扶贫措施，通过梳理分析国外其他国家的扶贫政策，能够为我们扶贫政策的制定与开展提供有益借鉴。具体地，国外其他国家的扶贫政策如表2-1所示。

表2-1　　　　　　　　　　国外扶贫政策总结

类别	国家	主要政策措施	具体内容
发达国家	美国	提高社会资本	设立社区行动项目，鼓励建立互助组织
		税收优惠政策	实行减税优惠，大幅减少贫困者纳税
		教育培训援助	以立法形式推动教育技能培训，提升能力
		工作福利制度	对救济领取者规定工作时限，减少依赖
	英国	现代社保制度	以制度化开展济贫工作，赋予公民权利
		社会福利制度	实行现代福利制度，对国民全面保障
发展中国家	巴西	"零饥饿"计划	提供"大众食堂"，保障贫困户食品和营养权利
		征收"富人税"	以法律途径向富人征税，并再分配救济穷人
		家庭资助计划	依据贫困程度实行现金转移支付
		"发展极"战略	大规模投资贫困地区，带动经济发展
		教育和培训计划	实施成人扫盲、职业培训、提供助学金

续表

类别	国家	主要政策措施	具体内容
发展中国家	印度	农村综合发展计划	提供贷款或补助、开展工程建设提供就业
		"绿色革命"	引进高产品种、提供农业机械化、提高单产
		建立基本社保	实施全面免费医疗政策
	马来西亚	项目帮扶	对于缺乏资金的赤贫家庭直接进行转移支付
		包容性发展	对于绝对贫困的低收入家庭实施帮扶
		就业帮扶	对于普通贫困家庭以政府+企业+个人模式帮扶

究其本质而言，扶贫政策是一种公共产品，因此，在具体实践中政府部门发挥着主导作用。从各国扶贫政策的主要内容来看，发达国家与发展中国家的本质差异在于，发达国家完成了从建立国民社会保障体系向推行和发展福利制度的过渡，同时，扶贫作为一项系统繁杂、投入较大的社会工程，仅仅依赖政府的力量是不够的，所以发达国家也十分注重发挥社会资本在扶贫过程中的作用，并取得了较好的效果。政府联合企业、社会组织、国际组织等社会力量构建的多元化扶贫治理体系，能够更加有效地提高减贫的覆盖率与有效性。

二 发展中国家的扶贫政策

发展中国家的扶贫政策在政策措施的制定上则主要基于各国基本国情不同而各有侧重。尤其处于低收入发展阶段的国家主要依赖经济的增长拉动贫困人口收入增加，并重视粮食产量的提高，对深度贫困家庭则实行直接的转移支付，以保障贫困户基本生存需求的方式来解决绝对贫困问题。这种政策措施在扶贫的初级阶段发挥了较好的扶贫效果，当这些国家跨入中等收入阶段后，便普遍通过教育、技能培训等方式加大对贫困人口的人力资本投资，并建立基本的社会保障制度、实施针对贫困人口的就业创业帮扶措施,以力争形成可持续的扶贫政策指引。

纵观各国的扶贫政策措施,虽然均为消除本国贫困问题发挥了积极作用,但在此过程中也存在一些值得我们借鉴或警惕的问题。如在扶贫的初期阶段,要避免走"先破坏再重建"的老路,在注重经济增长的同时要注意收入不均等及绝对贫困问题,采取积极主动措施遏制两极分化问题。此外,随着新型城镇化的快速发展,涌现出大量"亦农亦城"的农民工群体或进城落户的城市新迁入群体,在此背景下我们落实以人为中心的新型城镇化政策,着重关注这些群体的生存状态,避免新的贫困的蔓延。

第二节 中国扶贫政策的演变

一 农村经济体制改革推动扶贫时期(1978—1985)

(一)农村经济体制改革政策

1958年至1978年期间,由于"左"倾错误思想蔓延,并爆发了影响深远的"文化大革命",严重削弱和破坏了农村生产力,造成农业经济的全局性波折,使得中国社会经济陷入长达20年的停滞和徘徊状态,农村物质匮乏,农民基本生存需要得不到满足,贫困现象普遍发生。据统计,1977年全国农村有一亿几千万农民口粮不足,有近四分之一的生产队社员人均年收入在40元以下,平均每个生产大队的集体积累不到1万元。[①] 1978年底,中国农村人均年收入只有133.5元,按照国家确定的贫困标准统计,中国农村没有解决温饱的贫困人口达

---

① 《中共中央关于加快农业发展若干问题的决定(草案)》(1978年12月22日于中共十一届三中全会原则通过),湖北省档案馆,2017年6月27日查阅。

2.5 亿人，占农村总人口的 30.07%。① 从当时的具体情况来看，致使农村贫困的影响因素很多，但"一大二公"的人民公社制度却是当时制约农村经济发展和农业生产力进步的主要原因，也是导致农村普遍贫困落后的重要制度性因素。因此，通过改革农村经济体制来释放中国农村经济增长的活力，成为这一时期加快农业发展、改变中国农村贫困状况的必然出路。

1978 年 12 月中共十一届三中全会召开，作出了改革开放的重大决策，开始把全党工作的重心转移到经济建设上来。针对农业农村发展的长期停滞不前及其在国民经济中的基础性地位作用，会议率先讨论并原则通过了《中共中央关于加快农业发展若干问题的决定（草案）》，指出："摆在我们面前的首要任务，就是要集中精力使目前还很落后的农业尽快的迅速发展。只有加快发展农业生产，才能使占中国人口百分之八十的农民富裕起来，才能促使整个国民经济蓬勃发展。"同时提出了包括保护生产队的所有权和自主权，恢复社员的自留地、家庭副业和农村集市贸易，鼓励和辅导农民经营家庭副业，从财政、物资和技术上重点扶持西北、西南地区以及其他革命老根据地、偏远山区、少数民族地区和边境地区的贫困群众，帮助他们发展生产、摆脱贫困等在内的 25 项农业农村经济政策，为此后冲破农业发展问题上"左"的思想束缚、进行全面的农业领域改革提供了强有力的精神武器。

1982 年 1 月 1 日，中央发布的第一个关于"三农"问题的一号文件《全国农村工作会议纪要》，首次正式肯定了家庭联产承包责任制的社会主义性质，指出"目前实行的各种责任制，包括专业承包联产计酬，联产到劳，包产到户、到组，包干到户、到组，等等（统称为家庭联产承包责任制——作者注），都是社会主义集体经济的生产责任制。不论采取什么形式，只要群众不要求改变，就不要变动"，从而结

---

① 黄承伟：《中国扶贫行动》，五洲传播出版社 2015 年版，第 18 页。

束了有关包产到户、包干到户等问题的争论。此后,"双包"制度席卷全国,据统计,1980年初,中国实行包产的生产队仅占1%,安徽省不过25%,贵州省仅17%;① 到1982年底,已有80%的农户实行了包产到户,粮食产量较1981年增长9%,② 并且与生产队签订了某种形式承包合同的农户达98%,③ 使中国农业生产跃上新的台阶。

1983年中央一号文件《当前农村经济政策的若干问题》再次聚焦农业农村的体制改革,明确要求对人民公社制度实行政社分离及生产责任制的改革。1983年10月中共中央印发《关于实行政社分开,建立乡政府的通知》,进一步指出政社分离、建立乡政府是农村改革的首要任务,并要求各地"有领导、有步骤地搞好农村政社分开的改革"。到1983年底,1.27万个农村人民公社宣布解体,全面实行承包责任制的生产队已占全国总数的98%。1984年、1985年先后又有4.008万个公社解体,至此,人民公社及其下属的生产队不复存在,取而代之的是6.177万个乡镇和84.789万个村。④ 政社分开建立乡镇政府、家庭联产承包责任制取代人民公社的改革完成,标志着存续了27年的人民公社体制在中国正式终结,这极大地释放了农业农村的经济增长潜力,提高了农民的生产积极性。

除了以家庭联产承包责任制为核心的农业经营体制改革外,本阶段还在重建地权和土地流转制度、调整农产品收购价格、引导农村剩余劳动力转移、发展农村非农产业(乡镇企业)、构建农产品市场体系等方面作出了重大变革,从而打破长期以来农村社会经济停滞僵化格局,促进了农业增产、农民增收,对广大农村尤其是普遍生活困难群众走出贫困起到了松绑助推作用。据统计,1978—1985年间,中国农

---

① 陈吉元、陈家骥、杨勋:《中国农村社会经济变迁(1949—1989)》,山西经济出版社1993年版,第492页。
② 邹运韬:《日出东方——中国改革开放大写真》,中国文联出版社2013年版,第19页。
③ [美]傅高义:《邓小平时代》,冯克利译,生活·读书·新知三联书店2013年版,第431页。
④ 钟启泉:《改革开放若干重大理论问题回顾》,广西人民出版社1998年版,第180页。

村人均粮食产量增长 14%（其中，1985 年全国粮食、棉花产量出现减产①），农民人均纯收入增长 2.6 倍；没有解决温饱的贫困人口从 2.5 亿人减少到 1.25 亿人，占农村人口的比例下降到 14.8%。②

表 2-2　　　　　提高农产品收购价对农民收入的影响　　　单位：亿元、%

年份	农副产品		农民纯收入	
	收入增加额	其中提价增加额	（名义）收入增加额	提价部分占名义增收额比重
1979	155.7	129.1	216.41	59.66
1980	284.3	198.3	473.08	41.92
1981	297.1	265.5	742.86	35.74
1982	525.1	317.6	1141.9	27.81
1983	707.1	408.5	1482.16	27.56
1984	882.1	502.5	1858.1	27.04
1985	1122.1	672.8	2204.1	30.52
累计	3973.5	2494.3	8118.61	30.72

数据来源：周彬彬、高鸿宾：《对贫困的研究和反贫困实践的总结》，载中国扶贫基金会《中国扶贫论文精粹》，中国经济出版社 2001 年版，第 500—501 页。

（二）农村专项扶贫政策

除农村经济体制改革政策外，针对大量存在的贫困问题还实施了"三西"地区农业建设、以工代赈计划等大规模的专项扶贫开发政策，开启了中国开发式扶贫的探索工作。1982 年 12 月，中央财经领导小

---

① 造成 1985 年粮食、棉花生产出现波折和连年徘徊的动因，主要是由于中央和地方的一些决策部门对当时农业形势的估计过于乐观，以致某些决策和措施的失误：（1）调减粮棉播种面积的幅度过大；（2）农用生产资料销售价格上涨和农产品收购价格下降，挫伤农民积极性；（3）投入减少，生产条件恶劣；（4）国民经济比例关系的严重失调，动摇了农业的基础地位；（5）1985 年改革粮食统购统销制度中形成的粮食价格和流通体系的"双轨制"下，粮食订购价格和统购价格都明显低于市场均衡价格（农业部农村经济研究中心当代农业史研究室：《中国农业大波折的教训》，中国农业出版社 1996 年版，第 41—44 页）。

② 中华人民共和国国务院新闻办公室：《〈中国的农村扶贫开发〉白皮书》，《人民日报》2001 年 10 月 16 日第 5 版。

组会议召开，会议着重讨论并原则通过了国家计委、经委提出的"三西"地区农业建设方针，并决定成立国务院"三西"地区农业建设领导小组，将"三西"农业建设列入国家计划，提供为期10年、每年2亿元的专项拨款，实施以引黄河水、旱改水、植树种草、打水窖、修梯田等为主要内容的农业综合开发项目。由此开始了前后20年的"三西"地区农业开发建设，首开中国历史上有计划、有组织的大规模"开发式扶贫"先河。

1983年1月，"三西"地区农业建设领导小组提出了"以川济山，山川共济"的建设思路，确定了第一步"基本解决温饱，初步改变面貌"的建设目标，以及"兴河西河套之利，济中部和西海固之贫"，"有水路走水路，无水路走旱路，水旱路都不通另找出路"的开发方针。"三西"农业建设项目的实施，有力推动了"三西"地区农村经济的全面发展、农业生产条件的较大改善以及农民温饱问题的解决。如作为"三西"扶贫开发重点区域之一的西吉县，1983—1985年间，累计财政投资9544万元，修筑梯田41833公顷，培训农户10080户，完成各类技术推广137项，全县粮食总产量、人均纯收入分别增长18.64%和60%。[1]

以工代赈计划是1978—1985年间农村扶贫开发的又一重要政策措施，其主要内容是政府以实物形式对贫困地区进行基础设施建设投资，这样既可以为当地经济增长创造物质基础，也能够给那些贫困人口提供短期就业机会并增加收入。[2] 1984年9月，中共中央、国务院印发的《关于帮助贫困地区尽快改变面貌的通知》（中发［1984］19号文件）指出，近年来国家在扶贫开发工作上"花了不少钱，但收效甚微"，其主要原因是各地没有因地制宜地将扶持项目资金用于发展生产，而是被分散使用、挪用或单纯用于救济，并强调"改变贫困地区

---

[1] 杨生宝、王学江：《西吉扶贫开发工作研究》，中国农业出版社2005年版，第70—78页。

[2] 朱玲、蒋中一：《以工代赈与缓解贫困》，上海三联书店1994年版，第3页。

面貌的根本途径是依靠当地人民自己的力量；国家用于贫困地区的物资，不能采取'撒胡椒面'的办法平均使用"。根据中国农业生产连续获得丰收、粮棉储备充足的实际情况，国务院在大规模调查后提出了一条"人均收入120元、人均自产口粮200公斤"的贫困线标准，以此来划分中国贫困地区（按照这个标准，当时全国约有7000万人在此线下，占农村总人口的9%），① 重点针对全国集中连片的贫困地区动用库存的粮食50亿公斤、棉布5亿米和棉花1亿公斤，采用以工代赈的办法帮助这些地区修公路、航道和小型水利工程。据统计，依托以工代赈计划，至1985年8月底已投资11.4亿元、投工6亿个劳动日，共修建公路28000公里、桥梁1000多座、航道660公里，改善农田灌溉430多万亩，兴建人畜饮水工程10000多处。② 这些基础设施的投资建设，不仅可以为处于农闲季节的农民提供短期的就业机会，同时对贫困地区资源开发、加快改变落后面貌也起到了巨大作用。

表 2-3　　　　　　　1984 年全国十四片贫困地区　　　　　　单位：个

序号	片名及县数	涉及省	涉及县（旗）数	贫困乡数
1	秦岭大巴山地区（67）	川	15	704
		陕	28	1007
		鄂	13③	496
		豫	11	134
2	武陵山地区（33）	川	8	458
		鄂	10④	567
		湘	12	218
		黔	3	

---

① 彭干梓、吴金明：《中华人民共和国农业发展史》，湖南人民出版社1998年版，第463页。
② 国家计委政策研究室：《七五计划注释200题》，经济日报出版社1986年版，第225—226页。
③ 具体包括：竹山、勋县、神农架、宜昌、远安、兴山、秭归、南漳、保康、谷城、勋西、竹溪、房县。
④ 具体包括：五峰、长阳、咸丰、建始、来凤、宜恩、巴东、利川、恩施、鹤峰。

续表

序号	片名及县数	涉及省	涉及县（旗）数	贫困乡数
3	乌蒙山地区（23）	川	7	226
		滇	7	158
		黔	9	
4	努鲁儿虎山地区（14）	辽	7	189
		蒙	4	27
		冀	3	26
5	大别山地区（14）	鄂	4①	136
		豫	6	54
		皖	4	157
6	滇东南地区（18）	滇	18	117
7	横断山地区（19）	滇	19	102
8	太行山地区（8）	晋	3	46
		冀	1	20
		豫	4	21
9	吕梁山地区（13）	晋	13	159
10	桂西北地区（7）	桂	7	39
11	九万大山地区（9）	黔	7	
		桂	2	14
12	甘肃中部地区	略		
13	西北固地区	略		
14	西藏地区	略		
	合　计		225	5079

说明：1. 甘肃中部、西海固和西藏地区，国家已经另作安排，合计数不包括这三个地区；2. 贵州省贫困乡1119个，各片未分列，合计数内包括；3. 贫困牧区，另行能够解决，未列入。

数据来源：《中共中央、国务院关于帮助贫困地区尽快改变面貌的通知》（中发［1984］19号文件，1984年9月），湖北省档案馆，2017年6月27日查阅。

---

① 具体包括：红安、麻城、罗县、英山。

二 大规模农村扶贫开发时期（1986—1993）

1986年后，中国在继续深化农村经济体制改革的基础上，进一步将农村扶贫开发工作推向了新的历史高度。1986年5月16日，国务院办公厅发布了《关于成立国务院贫困地区经济开发领导小组的通知》，自此成立了以国务院秘书长陈俊生为组长的贫困地区经济开发领导小组（1993年将其更名为国务院扶贫开发领导小组），贫困地区经济开发领导小组的基本任务是：组织调查研究；拟定贫困地区经济开发的方针、政策和规划；协调解决开发建设中的重要问题；督促、检查和总结交流经验。此后，全国各地也都先后成立了相应的扶贫机构。这种自上而下的扶贫开发组织网络的形成及其工作职能的确立，标志着中国扶贫工作开始由救济性扶贫向开发式扶贫转变。

各级扶贫机构建立后，国家决定以县作为扶贫开发的基本单元，并制定了贫困县的贫困标准：1985年人均纯收入低于150元的特困县；1985年人均纯收入低于200元的少数民族自治县和位于一般老革命根据地县；1985年人均纯收入低于300元的老革命根据地县；1984年至1986年人均纯收入低于300元的牧区县（旗）和低于200元的半牧区县（旗）。

同时，这一时期国家还实施了包括以工代赈资金（89亿元）、财政发展资金（129亿元）、财政扶贫贷款（249亿元）等在内的一系列扶贫开发专项基金，实现了全国大规模减贫。经过8年的努力，到1993年底，中国农村贫困人口由1985年的1.25亿人减少到750万人，贫困发生率由14.8%快速下降到8.2%。

表2-4　　　　1985—1993年中国农村贫困人口数量和贫困发生率

年份	贫困线（元/人）	农村贫困人口（百万）	贫困发生率（%）
1985	206	125	14.8
1986	213	131	16.2

续表

年份	贫困线（元/人）	农村贫困人口（百万）	贫困发生率（%）
1987	227	122	15
1988	236	97	11.8
1989	259	102	12.3
1990	300	85	9.5
1991	304	94	10.4
1992	320	80	8.8
1993	350	75	8.2

数据来源：李华：《国际社会保障动态：反贫困模式与管理》，上海人民出版社2015年版，第286页。

三 八七扶贫攻坚时期（1994—2000）

经过多年的不懈努力，全国农村的贫困问题已明显缓解，尚没有稳定解决温饱问题的农村贫困人口减少到8000万人。1994年12月，国务院印发了《国家八七扶贫攻坚计划》，决定集中主要人力、财力和物力，力争从1994年到2000年的7年左右时间，基本解决全国农村8000万贫困人口的温饱问题。

《国家八七扶贫攻坚计划》的主要内容包括形势与任务、奋斗目标、方针与途径等9个方面。其中，到20世纪末让绝大多数贫困户稳定地解决温饱、年人均纯收入达到500元以上等为主要奋斗目标。《国家八七扶贫攻坚计划》对扶贫开发工作的工作途径也进行了相关规定，具体包括：对于那些有助于解决群众温饱问题的覆盖广、见效快、效益高的种养业在资金使用上着重关注；对于那些生存和发展条件特别困难的贫困村及贫困户，则实行开发式移民；引导贫困地区农村剩余劳动力外出务工。

为确保本计划目标及措施的有效落实，《国家八七扶贫攻坚计划》在扶贫资金使用及管理方面也作了相应要求，规定"三西"专项建设资金和以工代赈资金的投入将继续保持不变；各项用于扶贫的财政及信贷资金需落实到 2000 年。关于以工代赈资金和扶贫贴息贷款资金国务院决定分别再继续追加 10 亿元，并且执行到 2000 年。

表 2-5　　　　　　　　　　中央专项扶贫资金　　　　　　单位：亿元、%

年份	专项扶贫贷款	以工代赈资金	财政发展资金	以工代赈和财政发展资金占中央财政支出的比重
1994	45.5	40	29.2	3.95
1995	45.5	40	28.2	3.42
1996	55	40	16	2.6
1997	85	40	54	3.72
1998	100	50	52	3.27
1999	150	60	47	2.58
2000	150	60	55	2.09
累计	631	330	281.4	2.94

数据来源：张磊、黄承伟、李小云：《中国扶贫开发历程（1949—2005 年）》，中国财政经济出版社 2007 年版，第 77 页。

在政策保障方面，为降低贫困县及贫困户获得扶持的门槛，《国家八七扶贫攻坚计划》对信贷优惠政策、经济开发优惠政策等政策手段进行了明确规定，以实现投入资金能够惠及广大贫困群体，"从易到难"逐步解决全国贫困地区发展难题。

这一时期扶贫开发工作不仅仅是国家继续通过划拨大量的财政专项扶贫资金支持贫困地区建设，《国家八七扶贫攻坚计划》还强调了政府各部门的扶贫责任，对计划部门、内贸和外贸部门、农林水部门、科教部门、工交部门、民政部门、民族工作部门、文化卫生部门和计划生育部门等应发挥的扶贫职能作了详细安排，以充分发挥各自优势，在资金、物资、技术上向贫困地区倾斜。国家正是通过不同部门具备不同的功能，与扶贫工作相结合，多维度进行扶贫开发工作，从而增强人力物力，巩固扶贫成果。

此外，这一时期的扶贫开发工作还十分注重动员中央和地方党政机关和有条件的企事业单位等社会力量参与扶贫，构建起了社会广泛参与的大扶贫格局。同时，积极开展同扶贫有关的国际组织以及非政府组织等之间的交流，扩大和发展与国际社会在扶贫方面的合作，广泛地争取对实施八七扶贫攻坚计划的支持。

表 2-6　　《国家八七扶贫攻坚计划》对社会组织力量的规定

社会组织单位	对应的要求
党政机关及企事业单位	定点扶持贫困县，不脱贫不脱钩
民主党派和工商联	各民主党派要充分发挥各自的人才、技术等优势，在贫困地区开展技术推广、技能培训等科技扶贫与智力开发
共青团组织	不断扩大"希望工程"规模，确保贫困地区及贫困家庭适龄儿童入学率；引导贫困地区广大青年积极学习技术、参加技能培训，形成良好的示范带头作用；促进东西部地区青年的交流及对口支援工作
妇联组织	组织妇女学习实用技术，提高脱贫致富的能力；配合劳动部门组织妇女的劳务输出；动员贫困地区妇女发展庭园经济，兴办家庭副业；各地要因地制宜地办一些劳动密集型和适合妇女特点的扶贫项目
各级科协	在贫困落后地区开展科普活动，帮助贫困地区引进技术，组织对贫困人口的培训，推广实用技术
大专院校、科研单位	充分发挥科研院校的人才与技术优势，定点扶持贫困落后地区；通过实用技术推广、选派科技副县长、副乡长等形式，提高贫困地区科技发展水平
人民解放军和武警部队	帮助驻地群众解决温饱、脱贫致富；继续发扬拥政爱民的光荣传统

总体而言，《国家八七扶贫攻坚计划》是新中国成立以来第一个具有明确目标、明确对象、明确措施和明确期限的扶贫开发行动纲领，它继承上一阶段大规模扶贫开发战略中增加农户收入、加强基础设施建设与发展教育的思想，并逐步完善了开发式扶贫的理论框架，其核心思想对中国未来 20 年的扶贫开发工作都有重要的指导意义。这一时期的扶贫政策皆围绕《国家八七扶贫攻坚计划》的相关要求展开，加快了中国农村扶贫事业的进度。全国 592 个贫困县有效解决了 5351 万

人和 4836 万头牲畜的饮水问题，通电、通路、通邮、通电话的行政村分别达到 95.5%、89%、69% 和 67.7%，农业增加值增长 54%，年均增长 7.5%，①农村贫困人口从该时期期初的 8000 万人下降到 3200 万人，平均下降速度为 12.3%，比 1978 年以来平均减贫速度提高了 3.6 个百分点。根据 1 天 1 美元的标准和收入资料计算，总贫困人口以年均 11.7% 的速度从 1993 年的 2.66 亿人减少到 2000 年的 1.11 亿人；而根据 1 天 1 美元的标准和消费资料计算，贫困人口以年均 7.8% 的速度从 3.44 亿人减少到 1.95 亿人。②

四 《中国农村扶贫开发纲要（2001—2010）》实施阶段

经过八七扶贫攻坚时期的 7 年努力，中国农村贫困人口的温饱问题得到基本解决。然而这并不意味着中国扶贫开发工作到了尾声，中国的扶贫任务仍旧十分艰巨。"八七扶贫攻坚计划"结束之后，全国仍然有极少数处于温饱线以下的深度贫困人口，同时，进入 21 世纪后中国的贫困人口形势发生了变化，单纯解决温饱问题已不是扶贫开发工作的最终目标，扶贫开发工作开始转向缩小差距及缓解农村内部分化产生的矛盾。

为此，在新的形势下国家印发了《中国农村扶贫开发纲要（2001—2010）》，指出要继续巩固已有扶贫成果，进一步改善贫困地区及贫困人口的基本生产生活条件、提高贫困人口的生活质量和综合素质，从而为达到小康水平创造条件。《中国农村扶贫开发纲要（2001—2010）》也对本时期国家开展扶贫开发工作的基本方针作了明确规定，主要包括：（1）坚持开发式扶贫方针；（2）坚持综合开发、全面发展；（3）坚持可持续发展；（4）坚持自力更生、艰苦奋斗；（5）坚持政府主导、全社会共同参与。这一时期扶贫开发工作的

---

① 温家宝：《在中央扶贫开发工作会议上的讲话》，《新华每日电讯》2001 年 9 月 21 日第 1 版。

② 汪三贵、李文：《中国农村贫困问题研究》，中国财政经济出版社 2005 年版，第 103 页。

主要扶持对象是那些贫困地区尚没有解决温饱问题的贫困人口,同时,将继续帮助初步解决温饱问题的贫困人口稳步增加收入,并进一步改善贫困群体的生产生活条件。就扶贫开发工作的重点而言,贫困人口集中的中西部少数民族地区、革命老区、边疆地区和特困地区是这一时期扶贫开发工作的重点。

这一时期扶贫开发工作的主要内容和途径是继续把发展种养业作为扶贫开发的重点,积极推进农业产业化经营,努力提高贫困地区群众的科技文化素质,稳步推进自愿移民搬迁、积极稳妥地扩大贫困地区劳务输出、鼓励多种所有制经济组织参与扶贫开发等。同时,《中国农村扶贫开发纲要(2001—2010)》从财政扶贫资金管理、党政机关定点扶贫工作、沿海发达地区对口帮扶西部贫困地区的东西扶贫协作工作、扶贫开发领域的国际交流与合作等方面也作了系列规定,为扶贫开发工作提供了有利的政策保障。

通过十年来的不懈努力,中国扶贫开发事业取得了巨大成就,2000年至2010年间农村贫困人口从9423万减少到2688万,贫困发生率从10.2%下降至2.8%,农民人均纯收入从1277元增加到3273元。同时,广大贫困地区农民的生活水平随之显著提高,2001年至2010年,国家扶贫开发工作重点县农民人均生活消费支出从1018元增加到2662元,年均实际增长率为8.5%,2010年重点县农户人均住房面积比2002年扩大了4.8平方米,达到24.9平方米。此外,贫困地区基础设施状况也得到明显改善,国家扶贫开发工作重点县自来水饮用比重从30.2%提高到41.7%,自然村通路、通电、通电话比例分别从72.2%、92.8%、52.6%提高到88.1%、98.0%、92.9%。总体而言,这一时期的农村社会事业水平得到全面发展,并初步建立了全国农村社会保障体系。[①]

[①] 《中国扶贫开发年鉴》编委会:《中国扶贫开发年鉴2011》,中国财政经济出版社2011年版,第17—18页。

五 《中国农村扶贫开发纲要（2011—2020）》及实施精准扶贫阶段

随着《国家八七扶贫攻坚计划》以及《中国农村扶贫开发纲要（2001—2010）》的有效开展与落实，中国农村居民生存和温饱问题基本解决，农村贫困人口大幅减少，贫困地区基础设施明显改善，社会事业不断进步，这对促进中国社会经济和谐发展起到了重要作用，也为推动世界减贫事业作出了重大贡献。同时，在新的历史条件下中国社会经济发展中的不均衡、不可持续问题依然突出，农业基础仍然薄弱，制约社会经济发展的体制机制阻碍依然较多，这给中国那些深度贫困地区的扶贫工作带了较大困难。为实现到2020年全面建成小康社会不落下一人的奋斗目标，中共中央国务院于2011年印发了《中国农村扶贫开发纲要（2011—2020）》。

《中国农村扶贫开发纲要（2011—2020）》（下称《纲要（2011—2020）》）结合当时实际状况进一步对扶贫开发工作的总体要求、目标任务、扶贫对象等9个方面作了明确规定。其中，总体要求部分规定了新时期中国扶贫开发事业的工作方针、基本原则等内容。关于工作方针，《纲要（2011—2020）》指出，我们要坚持开发式扶贫方针，把扶贫开发作为脱贫致富的主要途径，鼓励和帮助有劳动能力的扶贫对象通过自身努力摆脱贫困。对于扶贫开发工作的基本原则，《纲要（2011—2020）》则要求坚持政府主导、分级负责，部门协作、合力推进，自力更生、艰苦奋斗，社会帮扶、共同致富，改革创新、扩大开放等。

关于这一时期扶贫工作的总体目标，《纲要（2011—2020）》指出，到2020年，稳定实现扶贫对象不愁吃、不愁穿，保障其义务教育、基本医疗和住房；贫困地区农民人均纯收入增长幅度高于全国平均水平，基本公共服务主要领域指标接近全国平均水平，扭转发展差距扩大趋势。同时，《纲要（2011—2020）》分别规定了有关基本农田和农田水利、特色优势产业、饮水安全、生产生活用电、交通、农村危房改造、教育、医疗卫生、公共文化、社会保障、人口和计划生育、林业和生态等方面的具体任务。

关于扶贫工作的主要对象范围，《纲要（2011—2020）》指出：（1）扶贫对象，在扶贫标准以下具备劳动能力的农村人口为扶贫工作主要对象；（2）连片特困地区，六盘山区、秦巴山区、武陵山区、乌蒙山区、滇桂黔石漠化区、滇西边境山区、大兴安岭南麓山区、燕山—太行山区、吕梁山区、大别山区、罗霄山区等区域的连片特困地区和已明确实施特殊政策的西藏、四省藏区（青海、四川、云南、甘肃）、新疆南疆三地州是扶贫攻坚主战场；（3）重点县和贫困村，原定重点县支持政策不变，各省（自治区、直辖市）要制定办法，采取措施，根据实际情况进行调整，实现重点县数量逐步减少。重点县减少的省份，国家的支持力度不减。

除此之外，《纲要（2011—2020）》对专项扶贫（易地扶贫搬迁、以工代赈、产业扶贫等）、行业扶贫（发展特色产业、开展科技扶贫、完善基础设施、发展教育文化事业、完善社会保障制度等）、社会扶贫（定点扶贫、东西部扶贫协作、动员企业和社会各界参与扶贫等）、国际合作，以及扶贫工作的政策保障（政策体系、财税支持、投资倾斜、金融服务、产业扶持、土地使用、生态建设、人才保障、重点群体）和组织领导保障等方面也作了明确的规定，标志着中国农村扶贫开发进入了新的历史时期。随着扶贫工作进入攻坚期，在对《中国农村扶贫开发纲要（2011—2020）》的承接与发展的基础上，2012年习近平总书记提出了精准扶贫的基本方略，为完善中国扶贫开发体制机制提供了重要的指导。

第三节 精准扶贫政策的基本脉络

一 精准扶贫政策的提出背景

改革开放以来，中国农村扶贫开发工作取得了举世瞩目的成就，贫困人口数量大幅度减少，实现了总体小康。但随着贫困发生率的下降，中国贫困人口在地理区域上的普遍分布情况已不复存在，扶贫工作依靠以往将扶贫资源"大水漫灌"式的"广种薄收"已经难以取得较高成效，在新的历史时期，如何对贫困人口进行精准度识别、有效帮扶，如何评估帮扶效果等问题不断涌现出来，在此背景下精准扶贫政策顺势而生。

精准扶贫政策的形成经历了一个从提出到逐步完善的过程。2012年年底，习近平总书记在河北省阜平县进行考察时指出，"扶贫工作要摸清真实情况"，"不要用'手榴弹炸跳蚤'"。2013年6月，在国务院扶贫开发领导小组会议上汪洋副总理强调，"要完善贫困识别机制，改'大水漫灌'为'滴灌'，逐村逐户制定帮扶措施，集中力量予以扶持，并实行动态管理，使稳定脱贫的村与户及时退出。借用军事学术语，扶贫就是要瞄准重点、精准制导、定点清除"。

2013年11月，在湖南湘西考察时习近平总书记进一步明确指出，"扶贫要实事求是，因地制宜。要精准扶贫，切忌喊口号"，国内学者一般将此作为中国精准扶贫理念的首次提出。2014年初出台的《关于创新机制扎实推进农村扶贫开发工作的意见》明确要求中国要建立精准扶贫的工作机制，由此奠定了中国精准扶贫的战略地位。2015年6月，习近平总书记在贵州考察扶贫工作时提出扶贫对象要精准、项目安排要精准、资金使用要精准、措施到位要精准、因村派人要精准、脱贫成效要精准等"六个精准"，有效推动了指导精准扶贫工作思想体系的形成。随后，国务院扶贫办制定了《建立精准扶贫工作方案》，对精准扶贫的目标任务、重点工作等方面提出了明确的要求。从此，以精准扶贫作为基本战略的扶贫开发工作在全国范围快速展开。

二　精准扶贫政策的内涵阐释

精准扶贫战略的核心要义在于"扶真贫、真扶贫"，将扶贫政策措施落实到户、到人，对贫困家庭和贫困人口进行精准帮扶，以改变过去"大水漫灌"粗放式扶贫方式，从根本上解决导致贫困发生的各种因素和障碍，实现真正意义上的脱贫致富。精准扶贫政策的内容体系包括精准识别、精准帮扶、精准管理和精准考核四项基本内容。

一是精准识别。简言之精准识别是指通过科学民主和公开透明的程序将扶贫对象识别出来，它是精准帮扶、精准管理、精准考核的前提和基础。扶贫对象主要有四类，分别为片区、贫困县、贫困村和贫困户，其中贫困户的精准识别是当前精准扶贫政策的重点与难点工作。根据中央制定的"分级负责、动态管理"等有关原则，贫困户的识别与纳入需要经过个人申请、民主评议、入户调查、公示公告等程序，当确认了贫困户后，再根据贫困户的实际状况将其致贫原因、帮扶措施、帮扶对象相关信息建档立卡并录入全国统一系统。

二是精准帮扶。针对以往大而全、一刀切的帮扶内容与方式，精准帮扶则是在精准识别出贫困村和贫困户的基础上，帮扶责任人尊重贫困村与贫困户的具体情况，针对贫困村和贫困户的主要致贫原因开展有针对性的差别化帮扶计划与帮扶措施，从而实现贫困人口全部脱贫的目标。

三是精准管理。所谓精准管理，是指在做好前两项工作的基础上，将贫困村和贫困户的信息录入全国统一建立的扶贫网络系统，且不断更新动态内容，对扶贫对象进行全过程的精准监测，并根据贫困村和贫困户的收入等信息令其"有进有出"的动态调整。需要指出的是，精准管理的主要目的是推动各项扶贫政策、扶贫资金以及扶贫项目的有序开展。

四是精准考核。它是对贫困村和贫困户的精准识别、精准帮扶与精准管理等各项扶贫工作的成效以及贫困县的扶贫开发工作情况进行监测评估与量化评定，基于考核结果奖励先进鞭策后进，以此激励各地各项扶贫工作落到实处，做到真扶贫、扶真贫。精准扶贫政策的四项主要内容具有时间上的连续性和逻辑上的梯度性，是以一个递进的过程来实现精准扶贫、精准脱贫的效果。

三 精准扶贫政策的现实意义

重视并积极开展扶贫工作是我们党的优良传统，长期以来，中国扶贫工作的瞄准对象主要是以区域（片区或县）为基本单元，就各个阶段而言有着一定的现实合理性。但是，随着社会经济的不断发展以及农村贫困状况的转变，现阶段再以区域为瞄准对象已经难以取得较好的扶贫成效，尤其是由于中国不均等的广泛存在，经济增长的减贫效应也日趋下降。

虽然当前中国农村综合贫困发生率较之改革开放初期已有较大程度的降低，但与发达国家相比仍有较大差距，并且中国农村有着居高不下的返贫率，究其深层次原因，这可以追溯到扶贫方略是否得当。以往的"特惠性"扶贫政策瞄准的是宏观层面的区域，忽视贫困村和贫困人口的特殊性而采取以区域为单位的"大水漫灌"式扶贫开发，未从根本上找出贫困的原因并"因病施策，靶向治疗"，进而那些深度贫困人口以及贫困脆弱性人口难以实现稳定脱贫。

基于此，扶贫开发工作从"大水漫灌"转向"精准滴灌"，实施精准扶贫，在掌握扶贫对象致贫原因等具体信息的基础上精准帮扶、精准施策，提高贫困户的内生动力，实现贫困人口的内源性脱贫，对于全面建成小康社会与实现"两个一百年"奋斗目标具有重要的现实意义。

四 实施精准扶贫政策评估的迫切性

当前，中国的农村扶贫开发工作进入新的攻坚期，为了有效缓解贫困问题，国家逐年加大对贫困地区和贫困户的人力、物力投入力度。但在实际工作中，由于贫困户的精准识别和精准退出政策落实难度大、任务重、时间紧，以及贫困户本身"造血"功能有限和逆向激励等原因，使得不少贫困县为快速见效，采取先易后难的方式，或应付性填表，数字脱贫、虚假脱贫，令居住在最偏远地区、扶贫开发难度大的最贫困人口得不到有效扶持，造成一定程度的"扶县不扶民"和"扶富不扶穷"的现象。究其原因，主要在于缺乏有效的政策监督和考核评估体系。

"让贫困人口和贫困地区同全国一道进入全面小康社会是我们党的庄严承诺"；在此关键时期，为了确保顺利实现"到2020年我国现行标准下农村贫困人口实现脱贫，贫困县全部摘帽，解决区域性整体贫困，做到脱真贫、真脱贫"，亟须全面监测和评价各地精准扶贫工作的开展成效，增强打赢脱贫攻坚战的使命感和紧迫感，发挥扶贫政策评估考核的"指挥棒"作用，让大量的扶贫资源真正发挥应有的成效。

第三章 精准扶贫政策第三方评估方法

第三方评估是绩效管理的重要形式，是一种必要而有效的外部制衡机制。针对政府政策进行第三方评估是对公共政策实施进行独立、客观、公正的评价，以达到反映政策执行主体的绩效情况和实施过程存在的问题，便于在政策实施的前中后期进行合理及有效的政策效果预判、监测和调整、总结和反馈。通过对目前公共政策评估的总结，本章归纳了精准扶贫政策第三方评估当中针对不同评价对象、评价阶段、评估分析所采用的主要方法。

第一节 对不同评估对象的评估

精准扶贫政策实施过程中涉及部门、机构和个体众多，但主要可以分为两类：一是精准扶贫政策实施的主体，即"谁来扶"中的"谁"；二是精准扶贫政策实施的受体，即"谁该扶"中的"谁"。上述两种不同的评估对象，其评估的目的和评估内容既有相似之处，也存在较为明显的差异，所以在第三方评估的操作当中针对两者所采用的评估方法是不同的。

一 对政策执行主体的评估

对政策执行主体的评估，是精准扶贫政策评估的重要组成部分，通常也是第三方评估中必须纳入评价内容的一部分。一般来说,政策制定方和各级执行方都需要对执行主体进行合理的评估,才能对"谁来执行"以及执行人实际执行效果和困难有比较全面的把握。对政策执行主体的评估,既是政策制定框架的重要参考,也是政策执行绩效考评的内容。

(一) 政策执行主体及其工作内容

精准扶贫政策是我国扶贫开发新阶段的重要战略方向。如论公共政策的主体而言,不同视角下精准扶贫政策执行主体的属性略有不同。狭义上,扶贫开发工作具有公益性,其目的是通过整合政府公共资源来提高贫困人口生活水平,主要执行主体应为政府部门;广义上,精准扶贫政策需要多方共同参与,因此政府、社会、市场和贫困农户都是政策执行主体。[①] 对于第三方评估而言,往往是由政府部门向第三方机构提出评估需求,其主要考察的对象多是各级政府部门机构和官员,为了以合理、客观、公正的标准对精准扶贫政策实施过程的绩效评估。更进一步地说,第三方评估还需要对政策制定者对政策制定的合理性、有效性、有针对性进行评估,同时考察下层级所有政策制定者在具体操作细节过程与原政策导向的匹配程度。从狭义角度看,精准扶贫政策的执行主体从上至下包括国家级、省级、市县级、乡镇级、村级等多个层次的执行机构。

1. 国家层级政策执行机构

国务院扶贫开发领导小组办公室是我国精准扶贫政策最主要的政策制定和执行机构,负责最顶层精准扶贫政策的制定和落实。它是国务院扶贫开发领导小组下设的办公机构。而国务院扶贫开发领导小组是国务院的议事协调机构,由国务院副总理担任组长,成员包括国务院办公厅、中央军委政治工作部、中央农办、发展改革委、民政部、财政部、农业部、人民银行等四十多个有关部门的负责同志。国务院扶贫开发领导小组下设办公室(简称国务院扶贫办),即国务院扶贫

[①] 郑瑞强、王英:《精准扶贫政策初探》,《财政研究》2016年第2期。

开发领导小组办公室,负责承担领导小组的日常工作。国务院扶贫开发领导小组的主要任务包括拟定扶贫开发的方针政策和规划;审定中央扶贫资金分配计划;组织调查研究和工作考核;协调解决扶贫开发工作中的重要问题;调查、指导全国的扶贫开发工作;做好扶贫开发重大战略政策措施的顶层设计等方面的工作。

2. 省级层面政策执行机构

省级层面政策执行机构主要包括两类:一是直接对接国务院扶贫办的省级扶贫办;二是负责配合或直接参与精准扶贫政策实施的省级单位,例如:农业厅、交通厅、教育厅等。省级扶贫办的主要职责是贯彻中央一级党和政府的扶贫开发方针和政策,拟定省级扶贫开发政策和措施、实施计划,组织实施、监督、指导下级扶贫开发工作,负责有关部门共同考察、论证、筛选、审定信贷开发项目、财政扶贫项目、世行扶贫项目和其他外资扶贫项目,负责全省的贫困状况监测、扶贫统计、贫困分析和研究,扶贫资金和物资的筹措、计划分配和监督等,组织社会各界扶贫救济活动、对口帮扶,对扶贫干部培训等。目前,精准扶贫开发已经进入一个全民扶贫的时代。各省级机关单位都参与到精准扶贫工作当中,作为精准扶贫政策具体实施的重要组成部分。他们的职责主要是制定配套扶贫政策,落实精准帮扶工作,深入被帮扶贫困村全面摸清扶贫对象基本情况和问题,指导贫困县制定帮扶政策、整合配置资源,帮助联系贫困县解决扶贫规划衔接、重大扶贫项目推进,定点帮扶贫困村贫困户,其他可能帮助当地经济发展和精准扶贫政策落实的工作。

3. 市(县)层面政策执行机构

市(县)级的扶贫攻坚工作办公室是市(县)级主管扶贫开发工作的部门,对接上一级扶贫办,主持本区域扶贫开发工作,其主要职责相对省级机构而言更倾向于本区域扶贫规划工作的组织、实施、监督和指导,负责制定本区域的扶贫规划,上报本区域的扶贫开发项目,负责对本级扶贫状况的统计和监测,以及分配和管理本区域扶贫资金和资源，负责有关扶贫的国际交流与合作、外资和外援扶贫项目的引进和实施，等等。市（县）农业局、水利局、教育局等主要辅助精准扶贫政策实施的单位，不仅负责完成上级部门下达的扶贫政策，同时还肩负着配合本级扶贫办对本区域精准扶贫政策的实施。其中，定点帮扶政策就是市（县）各配合部门派出指定的定点帮扶干部到贫困村进行指导工作，主要以村第一书记和驻村工作队等形式进行。目前，农村第一书记和驻村工作队是精准扶贫时期帮扶干部两大主力，受县委、乡镇党（工）委和派出单位共同管理，同贫困村"村两委"一起开展工作。

4. 乡镇层级政策执行机构

乡镇政府是最接近农村和农民群体的精准扶贫政策执行政府机构，它的工作职能主要是接受上级扶贫办的指导和监督，履行包括落实精准扶贫资金、审查扶贫对象信息和扶贫项目、负责本乡镇精准扶贫工作的推进、定点帮扶贫困农户、收集和上报扶贫统计数据、协助完成扶贫建档立卡等各类事项，是精准扶贫政策落地的基层部门。部分所辖乡镇人口数量大、基层干部人员充裕的乡镇政府会独立设置扶贫办公室负责扶贫工作，然而绝大多数情况下由于乡镇政府职能机构和人员配置存在缺陷致使精准扶贫政策相关负责人身兼数职。目前，乡镇政府实行贫困村包片包村干部的工作模式进行片区统一管理。

5. 村级政策执行主体

村委会和村党支部是精准扶贫政策的村级执行主体。贫困户识别是否精准与村干部所掌握农户信息的完整度有关；扶贫项目规划是否匹配与村干部能力和素质有关；扶贫开发项目是否能够落实与村干部责任心和能力相关；上级帮扶干部的扶贫帮扶效果离不开村干部的协作配合。农村基层组织建设的程度是影响国家农村政策落实效果的重要因素。村委会和村党支部的主要工作职责包括：积极宣传国家和党的精准扶贫开发和强农惠农富农政策，开展贫困户识别和建档立卡工作，制订贫困村和贫困户脱贫计划，组织落实本村的扶贫开发项目。

政策具体落实的过程中乡镇包干干部、农村第一书记、大学生村干部等上级干部指导和参与村两委的扶贫工作。

(二) 政策执行主体评估的内容

对政策执行主体的评估主要围绕两大目的，首先，关注政策制定的合理性、有效性和适宜性；其次，评估政策执行主体的工作绩效。前者是用于评估国家级和省级政策制定者其主要职责的履行程度，评估结果往往决定着政策是否应该实行，它可以为其他类似情形下政策执行是否具有推广意义提供借鉴。后者的评估会着眼于被评估执行主体的具体工作内容，针对每个不同层级的政策执行主体的特征来进行评估，从而为其工作绩效提供合理评价。后者的评估涉及的层级面远多于前者，它是一种"自下而上"的评估模式，下一层级评估结果将直接影响上一级的评价。

从已有的评估案例来看，精准扶贫政策第三方评估大多围绕执行主体的工作绩效来进行。自精准扶贫政策实施以来，我国相继进行了三次全国性的精准扶贫工作成效第三方评估，由中国科学院牵头，全国20多家高校和科研院所1000多名科研人员，对中西部22个省进行分省评估和实地调查工作。同时，各级地方政府为检查精准扶贫工作成效也自行组织招标科研机构或高校对辖区内的扶贫工作进行第三方评估。第三方评估的结果是作为政府扶贫工作绩效的考核参考，这是与精准扶贫政策实施目标密切相关的。

2016年中共中央办公厅、国务院办公厅联合发布的《省级党委和政府扶贫开发工作成效考核办法》指出，考核主要内容要围绕落实精准扶贫、精准脱贫基本方略，针对主要目标任务设置考核指标，注重考核工作成效。扶贫成效考核指标主要包括四个方面：减贫成效、精准识别、精准帮扶、扶贫资金。减贫成效分别由建档立卡贫困人口减贫年度计划完成情况、贫困村年度推出计划完成情况、农村居民人居可支配收入增长情况等指标来综合考核；精准识别是考察建档立卡贫困人口识别准确率、退出精准度，基本要求包括贫困人口纳入是否以户为单位,有无拆户、拼户,贫困户家庭人均收入是否低于国家扶贫标准,贫困户识别是否经过户主签字确认,贫困户档案管理是否规范,等等;精准帮扶方面下一级指标包括对帮扶责任人帮扶工作满意度,走访情况,帮扶工作内容是否精准。其中,由第三方评估负责的主要内容是"两个方面(精准识别和精准帮扶),三项内容(贫困人口的识别、贫困人口退出的准确率、因村因户帮扶工作的满意度)"。

而紧接下来的两年,由中国科学院承接的精准扶贫开发工作成效第三方评估主要侧重对工作成效及工作细节进行评估。例如,2018年国家精准扶贫工作成效第三方评估重大任务的主要内容,包括贫困人口识别准确率、贫困人口退出准确率和因村因户帮扶工作群众满意度,以及"两不愁、三保障"情况,脱贫攻坚重大政策措施落实到户和成效情况。通过对扶贫成效、具体工作的精准性和满意度等评估内容来分析其中可能存在的主要问题,以达到监测和考核的作用。

二 对政策执行对象的评估

根据实际精准扶贫实施措施的不同,其执行对象主要包括贫困农户及其所在区域。贫困农户及其所在区域实施项目的相关受益者的变化和评价都是第三方评估的重要内容。如中国科学院所组织实施的第三方评估也需要对具体农户本身收入增长情况等内容进行评价,对执行对象的评估是扶贫工作成效的重要考核内容。

(一) 对贫困农户的评估内容

现阶段,我国主要采用十大措施来具体实施精准扶贫政策,具体包括:村级道路建设、教育扶贫、涉残扶贫、创业扶贫、医疗救助扶贫、产业扶贫、贴息贷款、农田水利建设、"户户通"电视网络扶贫、住房保障扶贫。政策执行落实对象为贫困农户的措施占绝大多数,其余则是面向贫困户所在区域。对于贫困农户本身的评估是第三方评估提供给政府部门用于政绩考核最重要的组成部分,其评估内容要根据所实施的精准扶贫政策措施而定。

1. 教育扶贫

当前，我国实施教育扶贫项目旨在推进义务教育均衡发展、缩小城乡教育差距，全面改善贫困地区的办学条件，实施学前教育三年行动计划、乡村教师生活补助计划，实施中等职业学校免学费、补助生活费政策及面向贫困地区定向招生专项计划，切实保障贫困人口受教育权利。评估教育扶贫要合理区分短期效应和长期效果。从短期来看，第三方评估需要合理评价教育扶贫项目是否能够为贫困家庭减轻经济压力、受资助对象在学期间的学习和生活是否得到改善。然而，教育扶贫能够为农户家庭带来的帮助远不止于此。从长期来看，受资助对象的综合素质是否有所提升，或其是否能获得较好的就业机会或创业环境，以此帮助贫困农户实现脱贫，都是教育扶贫项目评估需要关注的内容。

2. 涉残扶贫

因残致贫是所有致贫原因当中最难解决的问题之一，尤其是家庭主要劳动力因为残疾而对农户家庭的生计造成致命的打击。涉残扶贫主要通过将残疾人贫困户列入我国社会保障名列，让他们能够享受到残疾人补贴或低保，从而保障残疾人家庭基本生活需求。评估内容可以主要关注残疾农户家庭获得资助补贴前后精神面貌、生活水平以及幸福指数等方面的变化，同时残疾农户家庭对政策措施的满意度以及其他未被满足的需求也可成为评估的补充内容。

3. 创业扶贫

在众多贫困农户当中存在不少拥有创新创业意识的人群，或是因为经历市场风险或疾病风险致使他们陷入贫困。创业扶贫就是通过给这些人群搭建信息、技术和资金的桥梁帮助其自主创业，从而让贫困家庭恢复生计，摆脱贫困的困境。在评估接受创业扶贫的农户时，评估者不仅需要关注贫困农户接受帮助前后的工作生产状况，还需要从农户的精神面貌去反映问题。"扶贫先扶志"，只有农户充满自我提升的渴望，脱贫才不会被动，致富才能永续。

4. 医疗救助扶贫

医疗救助扶贫是以城乡最低生活保障对象、特困供养人员、低收入困难家庭中弱势群体（例如：老年人、未成年人、重度残疾人和重病患者）、建档立卡精准扶贫对象、因病致贫家庭中的重病患者作为救助对象，通过将基本医疗保险、大病保险及各类补充医疗保险、商业保险等报销赔付后的个人负担费用纳入补助范围的方式实行救助。我国居民目前参与城镇居民基本医疗保险或新型农村合作医疗保险的比例非常高，但医疗保险报销比例并非全覆盖。对于低收入群体而言，即便是只负担小部分医疗费用都会使家庭陷入更深的贫困困境。在具体评估过程中，评估方可重点关注医疗救助扶贫对家庭存款、困境救助、参保态度等方面综合影响从而进行评价。

5. 产业扶贫

产业扶贫是指以市场为导向，以经济效益为中心，以产业发展为杠杆的扶贫开发过程，目的在于促进贫困家庭与贫困区域协同发展，其主要措施是为贫困县域范围内培育主导产业，加大公共投资，为贫困户提供就业岗位。企业为贫困户提供就业岗位，甚至提供相应的职业培训，具有提升人力资源质量的效果。第三方评估方除了从收入和就业结构上关注贫困户的变化，还可以从其职业素质、工作技能和对应风险多方面进行考察。

6. 贴息贷款

贴息贷款是金融扶贫的一项内容，实施对象直接面对贫困农户，从而解决贫困户在生产经营上融资困难和融资成本高的问题。关于公共政策或项目评价的学术研究，学者更多关注贴息贷款是否具有减贫效应。第三方评估者可根据评估考核的要求进行调整。具有考核性质的评估，可将贫困农户融资渠道、融资方式、解决融资困难思路等方面变化加入评估内容。

7. 住房保障扶贫

住房保障扶贫主要包括两大项目，一是为建档立卡农户或其他低收入对象提供农村危房改造；二是异地扶贫搬迁项目。两者都以改善贫困农户居住环境为目的，后者还需要考察农户进行实地搬迁之后的适应能力和发展能力。因此，评价异地扶贫搬迁的效果时，往往将农户的发展能力作为其重要的指标。评价农户的发展能力可以借鉴学者在生计资本上的研究体系，从异地搬迁后农户的自然资本、物质资本、人力资本、金融资本和社会资本等几个方面综合进行评估。异地扶贫搬迁项目的实施效果与项目规划地点、搬迁后社会融入帮助、生产就业帮扶等方面密不可分。

（二）对相关利益者的评估内容

面向贫困农户所在区域实施的精准扶贫措施，不仅对贫困农户的生产生活产生影响，还会导致相关利益者产生变化。譬如，村级道路建设项目、农田水利建设项目、"户户通"电视网络扶贫项目，这些项目的实施相当于为贫困农村增加公共设施投入，但凡在项目建设区域内生活生产的人群都会受到相应的影响。在对相关利益者进行评估的过程中，大多数被评估者并不能区分清楚哪些项目是由于精准扶贫政策措施实施所带来的，他们更多地只能反馈一些比较笼统模糊的感知信息。因此，第三方评估对这类评估者进行访问调查时不能细化到具体项目，而是询问公共基础设施的建设情况及其是否能够给被访者带来受益等大致信息作为评估材料。

对相关利益者的评估可以遵循以下思路：

· 确认或区分谁才是精准扶贫建设项目的相关利益者？谁的直接利益与建设项目相关？谁会享用建设项目的成果？

· 这些相关利益者是以什么形式与项目相联系的？合作还是竞争，同意或是反对，相关利益者参与活动的内容是什么？

· 哪些外在因素将会影响相关利益者及其活动？

· 相关利益者在项目建设过程和建设完成之后都受到哪些影响？他们是否受益或是否利益被损？

在第三方评估实施的过程中，评估方一般而言会从被抽样的农村选取部分非贫困户,进行政策知悉程度、政策满意度、实际执行满意度和关于公共建设项目部分的受益分析。评估者在访问之前,必须先对被调查的村子有比较全面的了解,弄清楚该村实施了哪些公共建设的扶贫项目。而公共建设扶贫项目的相关利益者群体比较庞大,评估时需要采取多种评估技术来收集和分析调查得到的信息。

第二节 不同评估阶段的评估方法

一 事前评估

事前评估从不同的时间划分标准主要可以分为两大类:第一类是以政策制定颁布为时间节点来进行划分,第二类是以政策具体实施的时间点来划分。如果是以政策制定颁布为时间节点,那么事前评估也主要有两大类:第一,无论政策是否已经制定,在政策执行之前对政策的必要性进行评估,以提高政策的执行效率和效果;第二,在政策制定之前,对政策执行所需达到的预定目标的可行性进行评估,从而对政策制定提供参考。如果是以政策具体实施的时间作为时间节点,那么主要对选取哪些执行对象、采取何种方案、以什么方式或项目内容等一系列内容进行评估。对精准扶贫政策实施而言,从广义上贫困县(村)的划分、贫困人口的识别也属于事前评估的范畴。

(一) 政策制定的事前评估

精准扶贫政策制定的事前评估,是在精准扶贫政策制定之前对政策本身的可行性进行论证,是作为政策评估的初始步骤,主要是分析政策本身的必要性、可行性及合法性。对精准扶贫政策的制定评估主要考虑以下几个方面的内容:(1)政策方向适宜程度,主要是考察精准扶贫政策是否与中央精神和政府意志相关;(2)政策实施的预期效果,对于精准扶贫政策而言就是要考虑对贫困地区经济发展是否有促进作用，贫困农户脱贫与否，贫困深度和强度是否得到减缓，城乡收入差距是否缩小，贫困农户的社会保障是否改善，对社区和谐与稳定的影响，等等；（3）政策实施的困难，比如是否会存在受损群体，不同部门之间的利益矛盾，其他政策实施所面临的风险；（4）政策的可行性分析，包括政策实施所需要的人员配置、财政资金投入、部门之间分工协作、考核激励机制，以及政策设计是否合理。卡尔·帕顿指出公共政策事前评估的程序主要包括认定和细化问题、建立评估标准、确认备选方案、评估备选方案、展示和区分备选方案、监督和评估政策实施等步骤。[①] 目前国内公共政策可行性的论证程序可以概括为：可行性论证的准备阶段（包括确认论证对象、制订论证计划、准备论证资源）、可行性论证的实施阶段（包括判断备选方案可行与否、可行方案的择优）、可行性论证的报告阶段（包括论证报告的撰写、优化方案的抉择）。

公共政策事前评估的环节需要应用多种评估方法来进行操作，但整个过程最需要解决的问题是如何确保所有论证过程具有科学性。在具体评估过程中，评估者一般可以采取专家判定法、同行评价法、德尔菲法来具体综合专家意见或行业经验。专家判定法是通过聘请外部专家和建立评估专家信用制度等方法，让专家根据自己的专业知识和历史经验来对政策作出最佳的评估结果，是具有专业性、权威性和客观性的评估方法。同行评价法也是由从事相应领域的专家来评定一个项目的评估方法，但是专家的观点容易受权威专家的影响，所以一般而言对项目经济社会效益的评估内容并不适用，更适合应用于评价项目的技术特性。德尔菲法在评估领域得到非常广泛的应用，适用于各种评价指标体系的建立和项目预测。与前两者不同的是，德尔菲法在征集专家意见的过程中采用匿名形式，而且通过不断地反馈征求意见，使结果更具有客观性和代表性。

---

① ［美］卡尔·帕顿等：《公共政策分析和规划的初步方法》，孙兰芝等译，华夏出版社2002年版，第50页。

(二) 扶贫项目的可行性研究

精准扶贫政策实施过程会涉及部分建设项目或产业投资项目，这些项目要正式进入执行阶段必须经过严格的论证，即进行可行性研究。所谓可行性研究，就是要根据地区发展规划或脱贫规划，按照国家技术经济政策的要求，在项目投资决策之前，针对拟建项目的社会、经济、技术、环境等进行调查研究，对可能存在的技术方案或建设方案进行技术经济分析，对项目建成之后的经济社会环境效益进行评估。[①] 可行性研究可以帮助项目管理者和制定者察觉到项目尚需要修改的地方，譬如项目群体目标不是很明确、项目活动内容、项目组织和运行机制，等等，从而用科学的方法给出合理方案，避免不必要的投入损失。

可行性研究的基本程序如下：

（1）准备阶段：由项目委托或投入方委托第三方评估机构，组成可行性研究小组，制定相应的工作计划，制定可行性研究的调研方案及提纲等材料。

（2）调研阶段：按照可行性研究的调研方案收集关于当地资源状况、经济社会发展战略规划、技术经济政策、环境状况、拟采用的技术方案以及关于实现方案可能需要的价格信息等多方面的基础信息。

（3）分析阶段：根据掌握所有的信息资源，进行整理和分析，并形成可供筛选的多个方案，依据技术经济评价标准和其他非技术评价准则对多个方案进行对比分析。在充分考虑一切可能影响方案成功的不确定因素的前提下，对最佳方案再次进行对比分析论证，从而形成最终分析结果。

（4）编制报告阶段：由评估机构按照可行性研究报告所规定的内容、要求、形式，编制可行性研究报告。

（5）论证阶段：组织相关专家小组对可行性研究报告进行论证，根据专家意见进行再次修改，直至审批通过，形成最后方案。

---

① 李志军：《第三方评估理论与方法》，中国发展出版社2016年版，第38页。

以公共设施建设项目的可行性研究报告为例，其内容应该包括：总论；需求预测和拟建规模；资源、原材料、燃料及公用设施；建设条件和选点方案；设计方案；环境保护；企业组织、劳动定员和人员培训；实施进度建议；投资估算和资金筹措；社会及经济效果评价方面。可行性研究是一项技术含量非常高的专业项目，评估方往往需要采用多种科学方法才能对繁杂信息进行合理到位的分析。目前可采用的方法包括：战略分析、调查研究、预测技术、系统分析、模型方法和智囊技术等。其中，战略分析是企业战略咨询及管理咨询实务中经常使用的分析方法，已经形成比较成熟的框架的方法，如SWOT分析法、内部因素评价矩阵（IFE矩阵）、外部因素评价矩阵（EFE矩阵）、竞争态势矩阵（CPM矩阵）、波士顿矩阵法等。预测技术方法通常有两类：第一类是数理分析方法，即利用已经掌握的数理统计资料，运用数学工具进行因果关系分析，进而预测效果，具体方法如趋向外推法和回归分析法等；第二类是定性判断方法，即依靠个人经验和分析能力，进行逻辑判断，对未来作出预测，这种方法通常需要以行业专家的意见为主要参考，从而避免由于评估人员个人专业知识和经验不足给出预测结果偏差过大的问题。

（三）贫困识别相关的评估

贫困识别是就应当选取何种执行对象作为扶贫对象而进行的一项评估工作，一般在脱贫攻坚工作具体实施之前进行。我国的贫困识别经历了从区域识别到个体识别的发展。改革开放40年来，我国长期通过区域瞄准的方式来确定扶贫区域，即进行贫困县和贫困村的识别，然后在选定的贫困区域内实施农村扶贫投资项目。之所以采取区域识别的方式是基于我国当时扶贫工作的现实。首先，我国贫困人口大量集中在老、少、偏、山等地区，连片集中进行开发式扶贫是较快实现大规模脱贫的方法。其次，由于我国绝对贫困的人口规模大，信息技术水平限制，不能完全掌握农户的收入和支出信息，采取个体识别的必要性和紧迫性并不高。1994—2010年，我国通过"八七扶贫攻坚规划"和《中国农村扶贫开发纲要（2001—2010）》的实施，使我国绝对贫困人口规模大幅减少，取得举世瞩目的脱贫成绩。与此同时，返贫人口的比例逐渐上升，相对贫困人口规模仍非常庞大，巩固脱贫效果成为新时期扶贫攻坚工作的重点工作。通过区域识别的方式已不能满足工作需求，此时瞄准农村家庭和个体的贫困识别方式被予以重视。

精准扶贫政策实施以来，瞄准农村家庭和个体的技术成为主要瞄准机制，而具体实践当中用于识别贫困家庭的标准主要是农村居民最低生活保障制度和扶贫建档立卡制度。农村居民最低生活保障制度于2007年在农村全面推行，成为与开发式扶贫并重的两大扶贫政策之一。随着信息技术水平的提升，农村居民最低生活保障制度所留存的低保人口采集数据成为贫困识别的重要参考数据。并且，农村居民最低生活保障制度可将大部分绝对贫困人口纳入到保障体系当中。而其他不属于农村居民最低生活保障制度可以兜底的贫困人口则会通过扶贫建档立卡的方式来进行识别。精准扶贫政策实施以来，全国各省份都总结出一些精准识别的方法，这些方法主要以观察法为主，定量法为辅。以观察法为主的典型识别体系主要包括贵州省的"四看法"（即"一看房、二看粮、三看劳力强不强、四看有无读书郎"）精准识别体系，甘肃省"9871"识别法（即"9不准"直接排除法、8项定性指标问卷判断法、7项定量指标综合积分排序法和1次民主评议），安徽省"六看六必问"精准识别法（即六看"看房、看粮、看劳动力强不强、看有没有读书郎、看有没有病人睡在床、看有没有恶习沾染上"，六必问"问土地、问收支、问子女、问务工、问意愿、问周围人"），等等。这些识别方法主要有两大特征：一是通过存量自然资本来识别贫困人口；二是侧重定性方法而非定量分析。第三方评估机构对于精准识别结果的评估将更客观地反映现有识别技术存在的缺陷，也有利于扶贫机构在下一次工作中不断提高识别水平，提升精准度。

二　事中评估

事中评估是一项政策在实施过程中对政策执行状况进行的监督、检查，以判断项目阶段性完成情况与计划进度之间的差异，从而针对检查结果提出修正指导性意见或对下一阶段的政策方案进行修订。事中评估也被称为"项目过程评估"或"执行评估"。事中评估的重要意义在于项目执行过程中出现偏移或不恰当运行的时候能够及时发现问题、解决问题。精准扶贫政策第三方评估更多是针对该时期进行评估，从而为政策执行提供更客观的评价。

（一）事中评估的主要内容

根据彼得·罗希关于执行评估的理解，事中评估是在项目执行过程中对项目进行全面质量控制的方法，可以比较全面掌握项目执行的质量和进度情况，帮助项目能够及时修正。[①] 2016年2月，中共中央办公厅、国务院办公厅印发《省级党委和政府扶贫开发工作成效考核办法》，要求有关的科研机构在国务院扶贫开发领导小组指导下，于2016—2020年期间针对精准扶贫工作成效，每年进行一次独立的第三方评估。第三方评估作为不同扶贫阶段政府部门把控项目质量的评价工具。彼得·罗希认为，事中评估主要围绕政策受益群体识别和管理两方面可以比较全面地掌握项目执行情况。我国首次全国性精准扶贫绩效第三方评估主要围绕精准识别与精准帮扶"两个方面，三项内容"进行。"两个方面"指的是"精准识别和精准帮扶"，"三项内容"则是"贫困人口的识别、贫困人口退出的准确率和因村因户帮扶工作的满意度"。从上述精准扶贫第三方评估的内容可以看出，目标人群选定和具体管理问题是主要的考察内容。这与彼得·罗希的理解是比较相似的，因此本书认为按其提供的访问大纲可以得出精准扶贫第三方评估的事中评估，主要内容应该包括精准识别和精准管理两方面

---

① ［美］彼得·罗希等：《评估：方法与技术》，邱泽奇等译，重庆大学出版社2007年版，第121页。

内容，其中精准帮扶属于精准管理中的一部分内容。

专栏 3-1　　精准扶贫第三方评估执行评估阶段主要评估问题

（1）精准识别问题：
· 正在接受扶贫的人是预期的目标人群吗？
· 有多少人正在接受服务？
· 是否存在没能接受扶贫的目标人群？
· 接受扶贫的人群是否代表目标群体？
（2）精准管理问题：
· 对应的扶贫政策已经得到充分执行了吗？
· 项目人员数量和与必须执行的功能所需要的能力充分了吗？
· 扶贫管理组织是否形成良好的合作、协调氛围？
· 扶贫资源、人员和资金足够维持主要的扶贫项目功能了吗？
· 项目资源得到有效和充分的使用了吗？
· 项目目前绩效是否与同类或同类型地区具有明显差别吗？
· 贫困户对其与项目人员之间的互动及互动程序和方式满意吗？
· 贫困户对目前接受的扶贫项目是否满意？
· 贫困户在接受扶贫项目之后所表现出来的行为是否是项目本身所预期的？

（二）事中评估的主要方法

从精准扶贫第三方评估的内容来看，项目的执行评估主要关注于识别和管理两大方面，因此在具体评估中采用的方法具有监督和监测的意义。除常见的科学研究方法之外，在委托方的授权范围内，第三方评估执行者还可以通过过程监测方法来进行评估。因此，下面主要介绍事中评估比较常用的方法。

1. 过程监测方法

过程监测方法通常是通过获取行政管理资料后进行相应的分析。目前，我国已经为贫困农户建档立卡，档案中保存着大量的农户信息以及相关的扶贫信息。在被授权的范围下，第三方评估可通过具体调用贫困农户建档立卡资料来监测政策执行过程，或者收集与分析具体执行人员的绩效信息，通过与具体执行人员的互动和交谈，分析掌握他们目前的行为状态，并采用统计分析方法来分析不同区域执行状况的差别，从而生成监测报告，帮助执行人员进一步改进工作。

2. 定量调查法

定量调查法是常见的社会研究方法之一，在具有充足的评估成本的情况下，收集评估对象的定量资料的一种评估方法。问卷调查法是常用的定量调查方法，它具有标准化、匿名性和间接性等特点，可以保障信息收集后所评估出来的结果具有一定的客观性。在政策评估中，问卷调查往往通过评估机构受委托向政策对象，包括政府机构、企业、群众及其他政策相关方发出，将所要评估的政策相关问题编制成问卷，或以邮寄方式、当面作答、网络填写或者追踪访问方式填答，从而获取政策对象对政策评价的第一手资料。

3. 小组访谈法

小组访谈法通常与问卷调查方法一样常见于社会研究当中。小组访谈法可以用于收集定性和定量两方面的材料，其主要特点是，评估者与被访者进行面对面的交流，通过多方的参与可以确保部分信息的准确性。小组访谈一般都会采用半结构访谈方式，一方面按既定标准设计的问题收集信息，另一方面可以提取到评估者事先没有预想到的问题。一般来说，小组访谈要在评估开始之前制定好访谈提纲和标准，访谈人员必须对所评估的政策内容进行全面的学习，做好访谈前准备，访谈时记录员和主访人员要进行配合。

三 事后评估

事后评估是对政策执行完成之后的效果进行评估，用于鉴定某项政策的执行是否达到预期效果和目标。因此，事后评估更多注重的是效果评估，主要包括政策预定目标的完成程度、政策的非预期影响、政策行为引起的变化等。从更高的层次来说，事后评估还需要关注政策本身，从效果评估的结果去评定某项政策的科学性和适宜性。

（一）抽样调查方法

第三方评估之所以能为扶贫考核提供更为客观、公正的评价结果，是和其所采用的科学评价体系分不开的。国务院扶贫办在2016年和

2017年委托中国科学院对全国22个省市的精准扶贫工作成效进行了第三方评估，两次评估当中都采用了访谈式问卷调查方法，该调查方法的第一步是要采用抽样方法确定受访农户。抽样方法主要有两种：随机抽样方法、非随机抽样方法。在进行正式的抽样调查之前都需要按照以下程序：首先，明确被调查对象的样本框，抽样框是对所有可能的个体的描述，例如是某个村内的所有家庭、某一地区的贫困户家庭等；其次，决定一个适合的样本规模，样本大小对调查结果的有效性至关重要，评估者需要在一定样本范围内尽可能使样本更充分。再次，选择调查研究所采用的抽样方法，随机抽样或非随机抽样。

1. 随机抽样

与非随机抽样相比，随机抽样更常用于大规模的监测与评价分析。但同时随机抽样需要掌握总体信息。评估者需要将所需要的信息完整地列出来。例如：现有的人口普查记录、选举名单、电话簿或其他记录。但是，评估者所掌握的信息并不总是那么准确。Casley 和 Kumar 提示，由于掌握信息不完全，不要仓促地决定选择非随机抽样，为此他们提供经验法则，即如果信息受限仅仅是由于经费的原因，那么可以牺牲计划收集样本规模的20%至30%，将资金用于信息的收集。①

随机抽样有四种基本形式，即简单随机抽样、等距抽样、分层抽样和整群抽样。简单随机抽样方法是对贫困农户进行评估的过程中应用率最高的随机抽样方法。其操作过程也比较简单，核心原理在于总体调查对象不作任何分组排列，保证每一个调查对象被抽到的概率相等。一般而言，采用这种抽样方式比较适合于总体单位之间差异较小的状况。当被调查的总体规模较大的时候，简单随机抽样的操作显然变得不方便。此时，可以采取等距抽样方法，将总体各个单位按照空间、时间或某些与调查无关的标志排列起来，然后等间隔地依次抽取样本单位。间隔距离等于总体单位数除去样本数所得的商。当面对总

---

① Casley, D.J., & Kumar, K. (1987), *Project Monitoring and Evaluation in Agriculture*, Baltimore and London: Johns Hopkins University.

体规模和差异程度大的情况下，除了使用等距抽样之外，还可以采用分层抽样。分层抽样也称为分类抽样，是将总体单位按其差异程度或某一特征分类、分层，然后在各类或每层中再随机抽取样本单位。根据各组之间差别小大，可分别采取等比抽样和不等比抽样，其中差距较大的可采用不等比抽样，可保证从每层中抽取的样本能准确地代表该层。当然，如果是根据某一标准进行抽样，可以先按该标准分成若干个群，进行整群抽样。

2. 非随机抽样

非随机抽样是一种不遵循随机原则，而是按照研究人员的主观经验来抽取样本的抽样方法。通常来说，严格的概率抽样几乎无法进行的时候，研究人员会启用该方法。采用这种抽样方法所调查的问题一般是调查对象不确定或根本无法确定，或对问题的初步探索提出假设，同时调查人员有丰富的调查经验。非随机抽样主要有两种抽样方法，即判断抽样和配额抽样。判断抽样是根据一个或多个特征来进行样本选择，其目的是要获取样本当中具有特定特征的个体。这种方法对样本个体本身现象描述是有效的，然而不能用作于对总体的推断。配额抽样也称"定额抽样"，是指调查人员将调查总体样本按一定标志分类或分层，确定各类（层）单位的样本数额，在配额内任意抽选样本的抽样方式。能作分类或分层的标志可被称为"控制特性"，它可以是地区特征，也可以是个体特征，例如：性别、年龄、收入、职业、文化程度等。配额抽样是由调查人员在配额内主观判断选定样本，它在对应分层内是不按照随机性来进行操作的。[1] 一般来说，非随机抽样方法更适用于小规模的监测或评估工作，它具有比较高的便利性。但是随机抽样方法不能用于推测总体情况，因为它不能估计出抽样误差。

（二）参与式农村评估法

参与式农村评估法是通过了解农户所在地区的历史、现状、社会、经济、文化等，结合地理学、社会经济学和其他相关学科，发现农户

---

[1] 陈卫、刘金菊：《社会研究方法概论》，清华大学出版社2015年版，第36页。

可持续生计面临的问题、约束、机会，关心农户潜在生计需求，最终提出解决问题的办法。该方法最近也被称为"参与式学习行动"，因其升级形成一种赋予农民分析村庄层面经济、社会、环境现状，从而制定更优的发展规划的方法。外来评估人员仅为农民提供分析工具、额外的信息，分析过程全权只有农民进行参与。

参与式农村评估法在应用过程中得到很大的发展，不少工具方法得到应用和改进。这些方法主要分为四大类：第一类，小组或群体的动态变化所需的工具，例如：季节历、大事记等；第二类，抽样工具，例如随机抽样和非随机抽样方法；第三类，访谈和对话时需要采用的方法，比如小型座谈会、知情人深入访谈等；第四类，图表工具，比如问题树、目标树等。参与式农村评估法自20世纪90年代开始，在许多欠发达国家的农村发展实践中得到应用，它不仅是一种研究方法，更重要的是一种研究理念。参与式农村评估法当中所应用的第二类和第三类方法是为人所熟知的，应用较为广泛，这里不再赘述。下面将重点介绍第一类和第四类方法。

1. 项目日记

项目日记是由项目的利益相关者或团体所记录的在项目周期内所发生的事件、事件的原因和影响的文本。项目日记与一般日记的区别主要在于，它是项目的过程文本，记录了项目生命周期内所发生的各种事件，包括事件为何发生、产生什么问题、人们的反应等。项目日记能帮助评估者收集和掌握关键信息，从而更好地对变动的产生进行分析。同时，它还可以用于关注特定项目问题或监测指标。

在具体应用的过程中，主要有以下几点注意事项：（1）在项目刚刚开始启动阶段引入项目日记有助于优化对整个项目的理解；（2）项目日记的格式和关注焦点应该在项目启动前进行充分的讨论，具体项目记录人也应该此时被确定下来；（3）项目日记的格式并不需要固定，记录事项不一定严格按之前制定的指标进行，但凡可以反映项目关注问题的变动都应该被记录下来；（4）项目日记记录内容形式不受限，文本、录音、照片或录像均可；（5）对项目所产生的变化或下一步行动进行讨论的时候可以借助项目日记所记载的内容；（6）项目日记所运用的数据收集和分析可以借助其他方法，比如调查、小组座谈等。

项目日记具有良好的动态性和监测性。动态性表现在项目日记所记载的内容可以在项目生命周期过程中不断进行修改，项目成员或监测人员可以随时进行修改。监测性便于项目相关利益者或团体都可以参与到项目日记当中，不仅利于自我评估，还可以为外部评估者提供充分的基础材料。

2. 大事记

如果项目评估有特殊的关注点，那么大事记是捕捉项目连续变化原因的一个好办法。大事记所记录的内容往往是特定的内容或者指标，这些关键点一般能够成为评估项目活动变动的原因，有助于解释或诠释项目可能产生的影响。通常而言，大事记可采用文字、矩阵或图表三种形式来记录历史过程发生的事件，从而制作成一个描述历史趋势的矩阵。

制作大事记的一般步骤：（1）就哪些指标或事件对当前局势至关重要展开讨论；（2）制作一个具有时间跨度的矩阵，在首行表上列如"今天""10年前"或"20年前"等字样；（3）写下需要关注的主题关键词，例如：关键的地方事件、关键的外部事件、当地人士或团体的影响、社会经济环境的重大变化等；（4）可以使用种子、石头或数字来表示某种事物的变化程度，其表示的数量不一定是绝对数，只要可以反映几个周期之间的区别都是可以接受的；（5）在大事记表示为"未来"一列中记录人们希望看到的变化，并根据其对组织或社区的影响，划分为积极的、中立的或消极的三种类型。

大事记主要有两个优点：首先，大事记所显示出来的历史趋势线，能显示各年度的变化，是一个跟踪长期变化的好方法。其次，大事记可以激发人们对积极和消极变化的速度和程度、为什么情况是这样以及为什么不同的群体或个人持有自己的观点等问题进行有价值的讨论。

3. 季节历

季节历是用于探索某种具有固定周期性变化的工具，周期单位可以是年度、季度、月度或周，等等。在评估实践当中，季节历可以用于评估周期性发生的难题是否得以解决、难题的解决对项目的贡献程度等。

制作季节历需要注意的几点事项：

（1）明确项目中哪些部分呈现周期性变化，哪些指标可以反映这些变化。

（2）构建一个包含所需要监测时间段的季节历，季节历最好能表示为水平形式，这样有助于同时描述多组指标。

（3）利用季节历来记录监测周期内的数据信息，例如：定期例会内容，监测数据等。制作季节历的过程可以将参与讨论人员分成若干个小组，每个小组选择一个或两个"关键信息提供者"，他们可能有相关的专门知识。根据小组讨论得出的信息，每一组可绘制一个图表，说明这些活动或事件在考察时间范围内的趋势和变化。

（4）根据收集到的数据所呈现出的时间变化，讨论这些变化所产生的原因。各种类型数据集中在同一个季节历或趋势图中，某种变化模式就易于辨识出来。这些数据还可以根据研究分类进行总结归纳，从而方便进行对比性研究。

（三）影响评估方法

影响评估是用来确定项目或某种干预是否对指定项目受体产生影响，并且估算出是否达到预期效果的方法。影响评估的结果是否具有一定可靠性，一直是社会科学研究所关注的问题。越来越多的发展类项目不断采用前沿的方法来对项目效果进行评价。目前，常用的影响评估方法主要有两大类：试验性和非试验性。其中试验性影响评估方法即随机干预试验，非试验性影响评估主要基于准实验的理念，如倍差法、匹配法、工具变量法、断点回归法等。

1. 试验性影响评估

试验性影响评估，也叫作随机干预实验法，这类方法使用的前提是可以对干预对象进行随机分配，在合格目标群体中随机分配其中的一部分对其实施干预，另外部分则作为对照组，不实施任何干预。试验性影响评估最早用于对医疗卫生服务中的某种疗法或药物的效果进行检测和评估，后常用于医学、药学、护理学等自然科学研究。近年来在农业经济、教育等社会科学领域得到越来越多的应用，如农业推广服务、公共健康和教育项目等。这种评估是基于项目进行之前，就开始进行实验设计，接下来项目推行过程后，研究者对项目受体和对照组进行观察和记录。所有研究结论是通过对比两组之间差异从而说明由于项目实施带来某种变量的差异是否产生影响。试验性影响评估的价值在于它可以解决一般影响评估中的选择误差问题。由于干预组和对照组在干预前没有系统差异，试验性影响评估能够将两个组在项目实施之后的差异归因于干预，而不是其他因素，从而能得出与项目"净"影响效应最接近的估计值。①

2. 非试验性影响评估

非试验性影响评估主要基于准实验的理念，它与试验性影响评估的区别在于区分干预组和对照组不能实现完全随机。② 但准实验研究方法可以在控制其他变量的前提下，针对某项目或政策实施的事前事后对比，研究对象分为实验组和控制组，从而探索出某些关键因素是否影响项目效果。准试验设计能否实现对项目效果进行无偏估计，取决于准实验设计能否减少实验组和控制组之间的差异。在具体准实验设计当中，研究者会尽可能使控制组在某些相关特征类似于项目组，或者可以通过统计手段进行调整使两个对照组类似。

配对是准实验设计中构建控制组的一种方法，它是通过确定实验

---

① 张林秀：《随机干预试验——影响评估的前沿方法》，《地理科学进展》2013年第6期。
② [美] 艾尔·巴比：《社会研究方法》，邱泽奇译，华夏出版社2009年第11版，第73页。

组后采用实验组的某些特征来匹配决定哪些对象具有类似特征。用于进行匹配的特征通常是根据已有知识和文献理论来获取。匹配的控制组可以通过个体或整体的配对来构建,一般来说个体配对比整体配对的效果要好一些,但耗费比较大。在实际评估过程中,可根据评估项目经费能力来进行选择。经过匹配方法构建得到的实验组和控制组可以具体采用倍差法或工具变量方法进行分析。这种设计是基于控制组的基本变量是充分有效的前提条件下所采取的方法。

断点回归法可以获得比其他准试验影响评估设计中更小偏差的项目效果估计,它能够避免参数估计的内生性问题,从而真实反映出变量之间的因果关系。[①] 断点回归设计是根据某个变量来设置临界值,如果该变量大于一个临界值时,个体接受处置,反之则不接受处置。小于临界值的个体可以作为一个很好的控制组来反映个体没有接受处置时的情况,尤其是在变量连续的情况下,临界值附近样本的差别可以很好地反映处置和经济变量之间的因果联系。根据临界值的确定性,断点回归法可分为精准断点回归和模糊断点回归。断点回归法在劳动经济学、政治经济学、环境经济学和发展经济学等相关领域取得了广泛的应用。

第三节 主要评估分析方法

一 定性评估分析方法

(一) 案例研究法

案例研究是从个人、家庭或组织等方面得到的一系列故事或事件,来了解具体项目所产生的影响。例如:人们如何处理改变,为什么变化以特定方式发生在特定的情形,等等。案例研究一般都是采取质性

[①] 余静文、王春超:《新"拟随机实验"方法的兴起——断点回归及其在经济学中的应用》,《经济学动态》2011年第2期。

研究方法来采集资料，主要资料形式包括文字、图片、音频等等，这些材料既可以为项目评估增添丰富的内容，同时还可以帮助评估者深入了解背景。

案例研究的主要步骤有以下几点：（1）确定案例研究的目的和准确的信息需求。（2）决定选择个人、家庭或组织来进行个案研究。（3）寻找适当个案研究的对象。（4）决定如何获得信息。如果你正在做一个家庭案例研究，可能希望采访几个家庭成员，然后对他们的答案进行一项研究。如果你想写一个组织的案例研究，你需要采访哪些人来获得对组织比较好的评价效果。如果你正在开发一个案例研究一个地点，那么你可能不仅需要采访人，而且还需要收集更多的地理或物质信息。（5）制定问题清单，指导信息收集。个案研究涉及书面文本资料收集、照片音频收集，可能的话还需要制作一份访谈或观察的说明。（6）在案例研究进行之前，评估者还需要选择一个好的访问官员和记录员，在参与程度较高的访谈过程中，研究由多个人来参与，或者允许多组进行以便后期进行对照。（7）如果案例研究本身需要找到项目内部最新的变化趋势，那么在安排案例研究讨论的时候应该安排一定频率的追踪访问，从而保证能够更准确地掌握项目实际变化的信息。

这种方法的优点是评估者可以在特定的主题上获得很多细节。往往一个具有集中研究对象的案例研究，可以从实际的调查当中发掘到某个特定的问题，而这样的问题往往需要对案例进行更深入的探讨。此外，案例研究可以提供有趣的视角，只有通过仔细观察一个人、家庭等的总体情况评估者才能获得启发。案例研究可以为其他方法生成的数据提供许多重要的背景。交叉案例分析是非常有价值的，特别是如果它涉及人权组织的话题，或者当下老百姓比较关心的政策问题。

然而，案例研究也具有一定的局限性，一般被认为其结果难以具有代表性。因此，将个案研究与涉及较大样本的方法（例如调查或问卷）结合起来是很好的做法。这种方法与其他方法不同之处是使用传统的讲故事方式来了解人们如何处理问题或危机。它通常是在乡村生活中交流思想和社区价值观。然而，由于一个故事往往是隐喻或开放的，它需要仔细思考才能有用。与其他方法一样，信息必须仔细记录。

（二）因果分析方法

在第三方评估中运用因果分析方法主要是针对政府的政策实施后产生的变化进行客观评价。这种方法的总体思路是，假定政府或政策本身为因，而社会反应为果，对两者关系进行梳理进而判断出政府行为或政策对社会发展所具有的作用，从而为下一步政策制定提出参考意见。因果分析方法主要认为有两大因果关系：一是单向因果关系；二是双向因果关系。单向因果关系包括：必要原因、充分原因、非确定性原因、组合式非唯一充分原因、直接与间接原因。而双向因果关系是指在实际中两大不同事件发生的原因和结果可能互为因果。目前，因果分析方法主要有四种，分别是密尔分析法、过程追踪法、拉扎斯费尔德的详析模式以及反事实推理方法。

密尔分析法也叫作归纳分析法，由19世纪英国哲学家密尔（J. S. Mill）在《逻辑体系》中总结的五条规则，是用于分析小样本条件下的必要原因或充分原因存在的合理性。这五条规则包括：（1）求同法，如果调查中多个现象当中具有一个共同点，那么往往这些共同点就是现象的原因；（2）求异法，如果调查中一个事件发生而另一个事件并没有发生，那么两个事件的不同点可能就是原因或者某种重要因素；（3）求同求异并用法，当某种现象出现前有多个因素是相同的，但现象消失后这些因素变得不同，那么不同点就有可能是原因；（4）剩余法，从现象的因素中除去那些已经确定的部分和原因，那么剩下的因素就可能是对应剩余现象的原因；（5）共变法，当某种现象发生变化，另一种现象也跟着变化，两者存在一定联系。

过程追踪法用于揭示因果机制是非常合适的，但是同时也需要评估者付出比较大的投入。评估者需要通过查阅历史档案、文献资料、项目记录、访谈记录、季节历大事记等这些具有一定可追踪性的资料来验证某种说法是否真实存在。过程追踪法需要对某一类事件进行概况性认识进而提升到理论高度进行总结。一般来说，过程追踪法可以与其他研究方法进行搭配使用。

拉扎斯费尔德的详析模式是通过控制第三个变量的影响来理解两个变量之间关系的逻辑模式。详析模式的结果由于原有关系和相关关系的不同，研究者区分了详析模式的四种结果：复证、辨明、阐明和标明。详析模式是社会科学分析中的一种取向，又叫阐明方法、哥伦比亚学派、拉扎斯费尔德方法。其目的在于将各变量间的实证关系加以"详细分析"以"阐明"这些关系，是一种进行多变量分析的方法。详析模式重在理解两种关系：（1）原有关系：在不引入控制变量的情况下两变量之间的初始关系；（2）净关系：控制了第三个变量的情况下，两个变量在子群中的相关关系。

反事实推理方法是来源于"反事实思维"，在人文社会科学研究中得到广泛的应用。在经济学领域，有学者将其应用在评估某项目对当地经济发展的作用，在决策后评估中也有一定的应用。反事实推理方法就是在已有的因果关系中对原因进行假设干预，逻辑推理出预期结果是否成功，从而得到干预和结果变化量之间的关系。

二 定量评估分析方法

（一）效率评估方法

项目成功执行的程度如何，是否能够获得预期产出，对项目决策方、项目执行方和相关利益主体而言都是不可或缺的信息。通常情况下，精准扶贫政策涉及的部分投资项目都是需要在项目结束的阶段进行项目成本受益的分析，才能为下一步是否继续项目执行打下基础。

1. 成本—收益分析法

许多经济学家都提倡将成本—收益分析应用于政策制定的过程，认为这种方法能发挥极大的作用，尽管它不应是政策制定的唯一基础。

而实际上，成本—收益分析法有助于比较政策影响的利弊，决策者不应被阻止考虑不同政策的成本与收益，机构应被允许使用经济分析方法来帮助确定优先政策。目前许多政策制定者或机构在进行重大决策之前都会进行成本收益分析，预期成本低于预期收益是他们做出决策的重要因素。事实上，这种对公共政策下属工程的成本收益分析还包含以下隐含假设，即社会被看作一群消费者的集合体，他们的消费品受工程实现程度的影响，任何成本和收益都是有价的，成本与收益可以相互抵消，未来的时代仍旧会像我们今天一样评估这个工程。

成本—收益分析的一般程序主要包括：（1）确认该工程的一组潜在成本；（2）确认该工程的一组潜在收益；（3）为每一种成本和每一种收益确立合适的价格；（4）为不同的成本与收益建立合适的替换关系；（5）确定一个评估工程的合适的时间范围，以及分散在这个时间范围中的时间段；（6）选择一个合适的贴现率，从而将未来的成本与收益统一转换为现价。其中，成本数据主要包括以下内容：财务费用（例如：项目人员工资、办公室租金、物资费用）；目标对象成本估计（例如：政策/项目主要目标群体所耗费的时间成本和交通成本）；协作者费用，项目需要得到某些特定机构的协作所耗费的成本，有时会计上也将这类成本作为管理费用，等等。成本—收益分析结果当中最主要的是要得到每个项目的内部回报率和净收益，这样才能在会计的角度上得出每个项目的盈亏情况。成本收益分析法为评估者提供一套会计分析框架用于方案的决策，从而排除那些成本收益低的项目或活动。

2. 成本—绩效分析方法

成本—绩效分析方法是以成本—收益分析的理论作为基础，它并不要求把具体项目的成本和收益简化后计算出具体的一个代表式或数值。相反的是，成本—绩效分析法是在既定的货币成本下，计算出项目的绩效。绩效用于在具有相似的目标之间进行比较，进而比较其成本。成本—绩效分析方法可以将不同的成本项进行列表对比分析。对于其他不完全以成本收益率为唯一目标值的评估方来说，可以从分开的单个项目成本之间进行对比,就主要关注的指标进行分析。

(二) 微观计量方法

不论是评估实践或是学术研究中,项目效果的评估结果具有可靠性并不简单。利用统计数据对项目进行评估的可靠性,与方法应用有比较大的关系。统计数据的可靠性必须依赖随机性,否则项目评估结果可能由于未排除的影响因素干扰而产生偏移。在理想的状态下,项目实施方可以通过随机实验将被评估对象分割成为实验组和控制组,再通过统计方法来进行评估。精准扶贫政策的执行过程并不具备这样的条件,因此往往采用准实验的评估方法。在上文影响评估方法中,提到倍差法、匹配法、工具变量法、断点回归法都是主要微观计量方法。

1. 倍差法

双重差分法是倍差法里面最常见的方法之一,它在政策评估研究中得到了广泛应用。它的基本思想是,允许存在不可观测因素的影响,但假定它们是不随时间变化的。假定不可观测因素 U_{it} 可分解为 $U_{it} = \varphi i + \theta_t + \mu_{it}$,其中 φi 是个体固定效应,不随时间变化;θ_t 是个体所处的共同的环境带来的效应,对于所有个体而言都相同;μ_{it} 是个体时点效应。DID 假定实验组和控制组在研究的区间内具有相同的个体时点效应,因此通过对截面单位在项目实施前后的结果取差值,就能排除 φi、θ_t 的影响。反之,若在政策实施条件下,个体时点效应 μ_{it} 不相同,则倍差值(DID)就不再是一致估计量。双重差分法的局限性在于,首先,数据要求以面板数据为基础,不仅需要横截面单位的数据,还需要研究个体的时间序列数据,特别是政策实施前的数据。其次,双重差分法要求很强的识别假设,它要求在政策未实施时,实验组和控制组的结果变量随时间变化的路径平行,这一假设并没有考虑个体时点效应 μ_{it} 的影响。由于 μ_{it} 的影响,在项目实施前后,实验组和控制组个体行为的结果变量并不平行,此时应用传统的 DID 方法就会出现系统性误差。再次,未考虑个体所处的环境对个体的不同影响,在实际中，实验组和控制组个体可能因为某些不可观测因素的影响，使得其在面临相同的环境因素的冲击时作出不同的反应，此时 DID 的应用就会出现问题。

2. 匹配法

匹配方法假定，控制协变量之后，具有相同特征的个体对政策具有相同的反应。换句话说，不可观测因素不影响个体是否接受政策干预的决策，选择仅仅发生在可观测变量上。因此，对每一个实验组个体而言，可以根据可观测特征为其选择一个控制组个体构成反事实。在实证分析中，根据选择控制组时匹配方法的不同，匹配方法分为协变量匹配和倾向得分匹配等。协变量匹配涉及多个协变量，会产生多维度、计算过于复杂等问题。倾向得分匹配可以克服协变量匹配的劣势，成功降维，从而在实践中应用更多。

3. 工具变量法

标准的计量经济学提供了一种处理内生性问题的方法，即工具变量法。工具变量法是一个相对简单的估计方法，但是有两个重要的缺陷。首先，工具变量的选择问题。在政策评估问题中，要找出满足条件的工具变量并不容易。在实践中，尤其是当纵向数据和政策实施前的数据可以获得时，研究者多使用因变量的滞后变量作为工具变量。但是，这同样会引发相关性，并不能从根本上解决问题。其次，如果个体对于政策的反应不同，只有当个体对政策反应的异质性并不影响参与决策时，工具变量才能识别平均处理效应。但这是一个很强的假定，有时研究者不得不假定非理性，或者忽略研究对象的异质。

4. 断点回归法

断点回归法是一种类似于随机受控实验的准实验法。它的主要思路是：当个体的某一关键变量的值大于临界值时，个体接受政策干预；反之，则不接受政策干预。一般而言，个体在接受干预的情况下，无法观测到其没有接受干预的情况。而在断点回归法中，小于临界值的个体可以作为一个很好的控制组来反映个体没有接受干预时的情况，尤其是在变量连续的情况下，临界值附近样本的差别可以很好地反映干预和结果变量之间的因果联系，进而计算出 ATE、ATT 等政策效应变量。

（三）综合指标评估方法

综合指标评估方法也称为多变量指标评价方法，主要思路是将多个指标量化成为一个或更少的几个指标来反映综合情况。综合指标评价法在社会科学研究等多个行业的研究中应用非常广泛。它的指标体系构建的过程当中主要遵循科学性、可行性、可比性和代表性。

综合指标评估方法有多种。例如，层次分析加权法将政策分为若干层次和若干目标，并赋予不同的权重进行综合评估；相对差距和法通过建立评估对象的指标数据库，计算各单位与最优单位的差距之和进行评估；主成分分析法适用于大量数据，通过将多指标变为少数指标进行评估；TOP-SIS 法则在找出有限方案中的最优方案与最劣方案后，评估政策的优劣性；人工神经网络法建立起以权重描述的变量与目标之间的关系，通过算法学习过程获得评估方法；蒙特卡洛模拟综合评价法根据指标属性进行数据生成后排序评估；模糊综合评价法将被评估政策的变化区间作出划分，再对政策作出程度判断；灰度关联聚类法通过聚类思想对评估指标进行汇合、扩充，将关联度数值演化为评估对象的亲和度并进行聚类分析。

在本书中，我们通过综合指标评估方法结合精准扶贫政策的实际，对精准识别、精准退出和精准帮扶指标进行构建和设计。在精准识别指标中，我们提供了家庭人口信息作为基本指标，包括受访户家庭成员的性别、年龄、身份证号、照片等个人基本信息，同时统计家庭户籍人口数、家庭劳动力人口数、在读学生人数、低保人数、五保人数，实现对家庭人口构成情况的详细掌握。精准识别指标又分为定量指标和定性指标。定量指标主要是家庭人均可支配收入，它包括四大类：家庭经营性收入、家庭工资性收入、家庭转移性收入、家庭财产性收入。定性指标是一些客观指标，如 H 省 L 县在精准识别过程中引入了

"七进八不进"的识别条件,即优先将存在指定的七种情况的农户纳入贫困名单(此处加备注说明包括原本被剔除的),而出现指定的八个情况的农户将被剔除出贫困名单。同样地,精准退出指标也包括定量指标和定性指标。定量指标也是家庭人均可支配收入,定性指标是"两不愁、三保障"。驻村帮扶指标主要包括驻村情况指标、帮扶成效指标和驻村帮扶满意度指标。

第四章 精准识别政策第三方评估分析

精准扶贫政策自 2013 年实施以来,精准识别、精准退出和精准帮扶已得到全面的贯彻。为评价精准扶贫政策绩效,我们分别从精准识别、精准退出和精准帮扶三个方面进行评估,从而对精准扶贫政策绩效第三方评估进行全面地阐释、分析和反思。

第一节 精准识别的概念与政策

一 精准识别的含义与考核目的

"精准扶贫"政策最基本的含义就是扶贫政策和措施指向真正的贫困家庭和人口,利用与之相对应的、有针对性的手段,从根本上实现对贫困状态的摆脱,并极大降低返贫的可能性。"精准扶贫"措施执行的第一步,就是实现对贫困农户的精准识别。"精准识别"这一词目前在学术界暂无完全一致的表达,例如尧水根(2016)认为,精准识别是指通过申请评议、公示公告、抽检核查、信息录入等步骤,将贫困户和贫困村有效识别出来,并建档立卡。崔赢一(2016)通过描述精准识别的内涵来解释这一名词:在现有国家整体贫困规模的背景下,通过出台更加民主、科学及透明的程序措施,把最贫困、最需要支持的单户、单人识别出来。随着研究的深入,学者们对精准识别的认识趋于一致:"精准识别"的全称是扶贫开发精准识别，指对所有的贫困家庭和人口建档立卡，了解贫困状况，分析致贫原因，为相对应的扶贫开发措施的落实提供科学指引和依据。由此可见，精准识别的目的在于为扶贫开发瞄准对象提供依据，它是"精准扶贫"政策取得良好成效的前提。

从我国扶贫开发工作的历程来看，政府对贫困人口的识别经历了漫长的积淀。1986年国务院扶贫开发领导小组办公室成立，与此同时以1985年年人均收入低于150元为标准，确定了331个国家级贫困县，这是我国第一次对贫困人口进行精确到县、片区的识别。由于该时期我国贫困人口众多，从1986年到2001年，政府通过以工代赈等方式进行大规模扶贫开发工作并取得了举世瞩目的成效。随着扶贫开发工作的推进，政府对贫困人口的识别也在不断修正：1994年我国开展"国家八七扶贫攻坚计划"，该计划对国家级贫困县名单进行修订，以1992年年人均纯收入为标准，低于400元的县将被纳入国家级贫困县，而高于700元的原国家级贫困县则退出国家级贫困县名单，少数民族地区和革命老区则降低纳入国家级贫困县的标准。基于此原则，我国确定了592个国家级贫困县，力求在当时条件下实现扶贫资金对贫困地区和人口的集中使用。进入21世纪，我国的扶贫开发工作重点进一步向革命老区、中西部少数民族地区、边疆地区和特困地区倾斜（上述四个地区简称为"老少边穷地区"），以"631指数法"测定国家级贫困县的数量：贫困人口（占全国比例）占60%权重（其中绝对贫困人口与低收入人口各占80%和20%的比例）；农民人均纯收入较低的县（占全国比例）占30%权重；人均GDP低的县数、人均财政收入低的县数占10%权重。其中，人均低收入以1300元为标准，老区、少数民族地区、边疆地区为1500元；人均GDP以2700元为标准；人均财政收入以120元为标准。根据上述原则和方法，我国确定了592个县（旗、市）为国家扶贫开发重点县，涵盖全国21个省区。新增相比于1986年和1994年制定国家级贫困县名单时采取的单一指标（年人均纯收入）作为纳入标准，我国在《中国农村扶贫开发纲要（2001—2010）》实施时期则以贫困人口比例、农民年人均纯收入、地区 GDP 等多个指标综合制定国家级贫困县，从一定程度上实现了对贫困地区和人口更为精确的识别。《中国农村扶贫开发纲要（2001—2010）》提出我国所有涉及扶贫开发的地区都要以县为基本单位，以贫困村为基础规划扶贫开发工作。此时开始出现"建档立卡"这一概念，即全国的扶贫系统对贫困农户经过摸底调查后登记造册，做到村有卡、乡有册、县有簿。这意味着我国的贫困地区识别细化到村，采取的扶贫措施将更具有针对性。

进入 21 世纪后，我国经济发展迅速，国民生活水平实现质的提高，贫困地区与人口的分布发生了巨大的变化，以往地区大面积存在贫困的现象减少，贫困人口更加集中于条件恶劣的地区。更为重要的是，贫困人口的致贫原因多样化使原本以单一维度的标准对贫困人口进行识别这一方式不再可行，采取新方式识别贫困人口势在必行。2013 年我国开始实行精准扶贫政策，目标是在 2020 年以前消除贫困。贫困人口识别精确到户成为了中央政府的明确要求，这种识别模式被称为精准识别。

精准识别的最终目标在于让所有贫困人口都能被准确识别、分析致贫原因并建档立卡，这一工作中不能有一个贫困人口被遗漏。然而在缺乏有效监督时，精准识别难免出现贫困人口识别不准确、贫困人口档案与事实不符等情况。对贫困户的识别不精准会导致后续帮扶措施的不到位，政府威信将大幅降低，扶贫开发工作也会陷入不利的局面。为此，对精准识别政策的执行情况进行评估成为了不可缺少的一环。引入精准扶贫第三方评估，就是要发现一些政府内部监督触碰不到、不敢公开的问题，让监督更加客观、独立、公正（国务院督查首次引入第三方评估）。由本书第三章可知精准扶贫第三方评估以事中评估为主，即评估开始的时候精准扶贫工作正在执行，第三方机构针对精准扶贫执行过程及产生的效果进行评估。精准识别作为精准扶贫工作的"最初一公里"，对扶贫开发工作具有指向作用，这会成为第三方评估重点关注的区域。无论是以什么样的形式进行评估，对精准识别考核的方向都可归为两类：贫困识别准确性与识别程序合规性。贫困识别准确性，就是指政府在实行精准识别的过程中，是否准确地将符合条件的贫困农户筛选出来，每一个贫困家庭或人口的致贫原因是否被准确获悉；识别程序合规性则是政府落实精准识别时工作的透明度，对农户的识别工作是否存在不公平、不真实的情况。贫困识别准确性与识别程序合规性是从不同角度对政府执行精准识别政策的评估，贫困识别准确性从结果上评估精准识别落实情况，而识别程序合规性则从执行过程的角度作出对应的评估。二者相互补充，力求全面、准确地反映政府落实精准识别政策的情况。

二 精准识别的政策描述

习近平总书记2015年6月在贵州考察时，就扶贫开发工作提出了"六个精准"的基本要求，即扶持对象精准、项目安排精准、资金使用精准、措施到户精准、因村派人精准、脱贫成效精准。[①] 这"六个精准"相互关联，形成了紧密的体系和与之相连的精准扶贫工作机制。建立精准扶贫工作机制，首先要考虑如何精准识别贫困户，为此中央政府作出了相关的规定。扶贫对象的识别方法由国家制定并统一，各省（自治区、直辖市）在已有工作基础上，坚持扶贫开发和农村最低生活保障制度有效衔接，按照县为单位、规模控制、分级负责、精准识别、动态管理的原则，对每个贫困村、贫困户建档立卡，建设全国扶贫信息网络系统。[②] 这一规定为地方政府精准识别贫困户提供了行动的指南，全国各地区均制定了相应的政策、措施指引贫困户识别工作。

中央政府对于精准识别工作提出了要求，但并没有颁布文件具体阐述如何执行精准识别。2015年与中央签订脱贫攻坚责任书的22个省区

---

① 汪三贵、刘未：《"六个精准"是精准扶贫的本质要求——习近平精准扶贫系列论述探析》，《毛泽东邓小平理论研究》2016年第1期。

② 中共中央办公厅、国务院办公厅印发《关于创新机制扎实推进农村扶贫开发工作的意见》（中办发［2013］25号），中华人民共和国中央人民政府网（http://www.gov.cn/gongbao/content/2014/content_ 2580976.htm）。建立精准扶贫工作机制，由国务院扶贫办牵头，民政部、中央农办、人力资源社会保障部、国家统计局、共青团中央、中国残联等按职责分工负责。

结合自身实际情况，经过多次论证与研究得出了一系列可取的精准识别方法。以贵州省为例，其摸索出的"四看"精准识别方法为其他省区的贫困户识别工作提供了有价值的参考。其"四看"是指"一看房、二看粮、三看劳力强不强、四看有无读书郎"，"四看"识别法从贫困农户的生活条件这一角度予以考量，涵盖了农户的吃、住、上学、发展四大方面。甘肃省在定性识别的基础上结合定量计算，提出了"9871"即"9个不准"直接排除、"8项定性指标"问卷判断、"7项定量指标"综合积分排序、1次民主评议实现对贫困人口的精准识别。"9871"识别法创新之处在于不仅识别条件实现定性、定量相结合，还在设置贫困户"准入"条件外加入了贫困户"排除"条件，即多维度对贫困人口进行识别，大大提高了识别准确率。[①] 湖北省则采用了家庭人均年收入标准与"七进"相结合的方式识别贫困人口。"七进"是指凡具有下列情况之一的优先作为贫困对象：一是居住在危房、土房且为家庭唯一住房，不适合生存的农户；二是因子女上学返贫的农户；三是家庭成员长期患开支较大的慢性病、大病，主要劳动力因身体、年龄等原因无法外出务工的农户；四是低保户、五保户和不符合低保、五保条件的鳏寡孤独农户、单亲家庭；五是家庭主要劳动力死亡，只有老人、妇女、未成年人的家庭；六是因灾、因事故及其他原因造成特别困难的家庭；七是因残致贫的农户。从以上条件可以看出，"七进"与"四看"有着较高的相似度，这两种识别方法都以人口的生活条件作为评判依据，与精准扶贫工作着眼于改善贫困人口生活的立场相一致。

精准识别工作除了设立指标将符合条件的人口纳入贫困名单以外，还包括对相关人口建档立卡的过程（此处参考扶贫开发建档立卡方案，2014年国务院文件里面提到了建档立卡的过程和纳入贫困

---

① 汪磊、伍国勇：《精准扶贫视域下我国农村地区贫困人口识别机制研究》，《农村经济》2016年第7期。

人口的标准）。① 以往的扶贫开发工作并没有实现识别、帮扶措施的精确到户，而在精准扶贫阶段，贫困人口被列入帮扶名单需要经过一系列的程序：第一，申请人以家庭为单位向村委会提交贫困户申请书，该申请书对家庭人口与收入作了简要的记载；第二，村委会召开村民代表大会进行评议，大会上村民代表通过以投票为主的形式决定是否通过贫困户申请书；第三，村委会与驻村工作队对提交申请的家庭进行调查，判断家庭是否符合纳入贫困人口的条件并将结果在村内公示，不符合条件的对申请予以否决；第四，村委会将村内表决与调查结果上报至乡镇人民政府审核，乡镇政府对审核结果予以公示；第五，乡镇政府将审核结果上报至县（区）扶贫办复审，县（区）扶贫办发布公告宣布复审结果。从家庭递交贫困户申请书开始，通过上述所有审核后该家庭将被正式纳入贫困人口，同时各级政府对该户家庭建立档案，相关数据传送至扶贫开发信息系统实现动态管理，贫困户家中与村委会都存有扶贫档案，乡镇则存有贫困户花名册。结对帮扶成员与贫困户确立帮扶关系，并且为贫困户填写完整扶贫手册后，精准识别工作正式完成。

从图4-1可以看出，精准识别的流程包含了从农户递交贫困户申

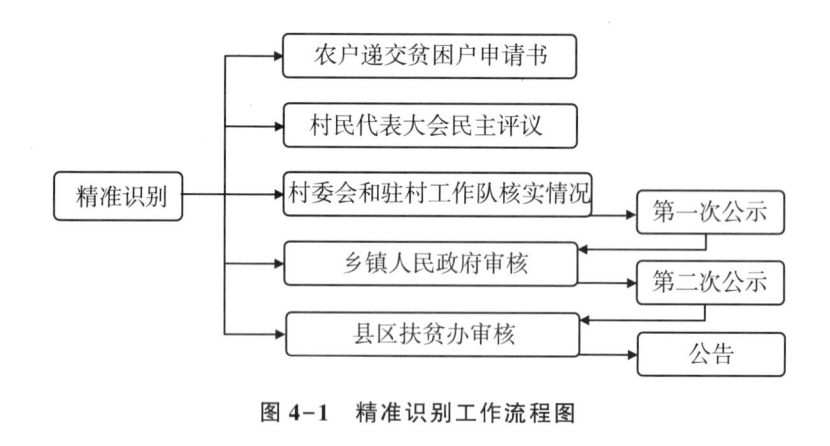

图4-1 精准识别工作流程图

---

① 国务院扶贫办：《国务院扶贫办关于印发扶贫开发建档立卡工作方案的通知》，2014年4月2日，国开办发〔2014〕24号。

请书到县区扶贫办审核后发布公告。全程从个人开始逐级上报，历经两次公示一次公告，形成相互关联的逻辑链条，这为第三方机构对精准识别工作的评估提供了思路。

第二节 精准识别的指标构建

一 农户纳入帮扶范围的物质条件

精准识别的目的在于将符合帮扶条件的人口筛选出来，而制定识别标准则是不可回避的一个步骤。人口贫困的表现主要是生活物质匮乏与发展能力受限，考虑到第三方评估机构以考核政府对贫困人口的识别是否精准为出发点，实际工作中要兼顾可行性与便捷性，故可构建农户纳入帮扶范围的物质条件指标。

（一）家庭人口信息

第三方评估机构对受访户家庭成员的性别、年龄、身份证号、照片等个人基本信息进行采集，同时统计家庭户籍人口数、家庭劳动力人口数、在读学生人数、低保人数、五保人数，实现对家庭人口构成情况的详细掌握。第三方评估机构核实受访人及家庭成员的身份是否与扶贫档案一致。受访户家庭人口信息能够反映出政府扶贫系统、扶贫档案的登记信息是否与实际情况相符合，第三方评估机构对此类信息进行核查将有效发现贫困登记信息的疏漏，促使政府提高精准识别的准确度。

（二）家庭年人均可支配收入

一个家庭拥有更高的收入意味着它有更多的资本用以换取生活必需品，也更有可能摆脱贫困状况。从1986年我国设立国家级贫困县名单开始，年人均纯收入就作为是否将地区纳入帮扶名单的依据。在精准扶贫阶段，中央政府明确要求以2012年为基准，年人均可支配收入低于2300元的家庭将被纳入贫困户名单，可见家庭人均年收入对识别贫困人口的重要性。第三方评估机构将沿用这一标准对受访家庭进行评估，验证贫困人口识别的准确程度。

第三方评估机构将收入分为四大类：家庭经营性收入、家庭转移性收入、家庭财产性收入、家庭工资性收入。四大类包含多个明细，对明细进行汇总即可反映出受访家庭收入的基本状况。

表 4-1　　　　　　　精准识别第三方评估家庭收入指标一览

家庭收入类型	家庭收入名称	收入数量（元）
家庭经营性收入	种植业	
	养殖业	
	林果业	
	其他经营性收入	
家庭转移性收入	低保、五保、残疾人补贴	
	粮食直补、退耕还林补贴	
	政府其他补贴	
	赡养人或其他亲友赠送	
家庭财产性收入	土地流转费用	
	房屋出租	
	入股分红	
家庭工资性收入	打工收入	

（三）与当地实际情况相结合的附加筛选条件

华中 H 省 L 县在精准识别过程中引入了"七进八不进"识别条件，即优先将存在指定的七种情况的农户纳入贫困名单（包括原本被剔除的，参见表 4-2），而出现指定的八种情况的农户将被剔除出贫困名单。"七进八不进"是精准识别中动态调整的特点之一，这样的动态调整有利于地方政府将前期识别工作中未被纳入贫困名单的农户筛选出来，尤其是识别工作过后遭遇突发变故陷入贫困及被错误剔除的农户，同时也有利于政府反复检查，将不符合条件的农户剔除出贫困名单，提高帮扶资源的利用效率与精准识别、退出的准确度，体现精准识别的公平性。在使用得到 H 省肯定的"七进八不进"方法之前，大部分地区贫困人口识别的补充手段尚处于摸索阶段，例如 X 县设立条件判断农户是否属于三类"漏网"对象，降低脱贫人口返贫后得不到帮扶的概率。X 县所指的三类"漏网"对象是：家里是五保户或低保户；去年至今因宅或因病返贫；生活水平明显低于当地平均水平的农户。脱贫的农户如果存在以上（一种或多种）现象，将会被重新纳入贫困名单从而获得帮扶，最终实现稳定脱贫。

表 4-2　　　　　　　H 省 L 县"七进八不进"识别条件一览

农户若存在如下情况，将优先被列入贫困名单：
1. 居住在危房、土房且为家庭唯一住房，不适合生存；
2. 因子女上学返贫的农户；
3. 家庭成员长期患开支较大的慢性病、大病，主要劳动力因身体，年龄等原因无法外出务工的农户；
4. 低保户、五保户和不符合低保、五保条件的鳏寡孤独农户，单亲家庭；
5. 家庭主要劳动力死亡，只有老人、妇女、未成年人的家庭；
6. 因灾、因事故及其他原因造成特别困难的家庭；
7. 因残致贫的农户。

农户若存在如下情况，将被剔除出贫困名单：
1. 家庭成员（含已分家立户的）有人在行政事业单位工作属财政供养的农户；
2. 村干部家庭没经过上级组织认定的；
3. 家庭拥有楼房，在城镇购买商品房或高标准装修现有住房的农户；
4. 家庭成员拥有消费性小轿车的农户；
5. 家庭拥有工程机械及大型农机具从事有偿经营服务的农户；
6. 长期雇佣他人从事生产经营的个体经营户，经营公司的农户；
7. 子女完全具备赡养能力，分户居住且无慢性病、大病的农户；
8. 举家多年在外打工不归的农户。若有特殊困难，经群众评议，村委会上报乡镇研究决定，可纳入建档立卡对象。

二　农户纳入帮扶范围的意愿条件

上文提出，第三方评估机构对精准识别工作的评估，可分为识别准确度的评估与识别程序合规性的评估，精准识别不仅要准确定位贫困人口，还要充分考虑农户的意愿，在识别流程上严格落实中央政府颁布的相关规定。在精准扶贫阶段，普通家庭被列入贫困户名单从而获得帮扶要经过从个人申请到上级政府逐层审批的一系列程序,为评估政府在精准识别过程中是否符合规定及充分考虑群众的意见,第三方评估机构制定指标对相关流程进行评估。评估内容包含三个方面:受访农户对自身的认知;"两公示一公告"是否落实;是否入户考察。

(一)受访农户对自身的认知

贫困人口分布的变化及监督机制对扶贫开发工作提出了新要求:提高现阶段贫困家庭与帮扶人员之间的互动性。双方互动性的提高促进了信息交换,让贫困家庭更加主动地参与到扶贫工作中,提高扶贫成效。此外,为了防止基层干部利用传统的扶贫开发工作中地方政府人员相对于上级政府和基层群众存在信息垄断的优势违反国家法律、谋取利益,上级政府及第三方评估机构均从自身角度出发重视受访农户对自身认知的情况。第三方评估机构会设立数个指标评估受访农户对自身的认知(如表4-3所示)。

表4-3　　　第三方评估机构对受访家庭自身认知情况考核一览

第三方评估机构对受访家庭自身认知情况的考核指标	受访家庭可选项
1. 受访人是否知道自家被评为贫困户	知道
	不知道
2. 受访人是否自愿申请成为贫困户	知道
	不知道
3. 受访人是否知道自家致贫原因	知道
	不知道

上述三个问题是受访人主动参与到扶贫工作的重点,受访人只有对自家被评为贫困户的相关情况有所了解,才能够进一步理解国家的政策及基层干部的工作付出。在受访人明确回应知道自家被评为贫困户,第三方评估机构才能够对受访人提出问题2与问题3,问题2与问题3是对受访家庭自身认知情况的进一步询问,也是对地方政府侧面的监督,在受访人回答上述问题时,第三方评估机构将受访人的回答与扶贫档案加以对比,寻找档案错误信息的同时验证受访人表述内容的真伪。

(二)"两公示一公告"是否落实

图 4-1 展示了地方政府在筛选贫困人口的过程中要发布两次公示,一次公告。这些公示、公告由村委会、乡镇政府及县政府分别发布。发布"两公示一公告"是为了保证政府筛选贫困人口过程的公正、透明,在每一次公示、公告发布后,限期内对结果有异议者均可向发布公示、公告的单位提出异议。第三方机构为评估精准识别过程中地方干部是否合规执行程序,需要对"两公示一公告"落实情况设立指标进行了解。

表 4-4　第三方评估机构对"两公示一公告"落实情况考核指标一览

第三方评估机构对"两公示一公告"落实情况考核指标	受访家庭可选项
受访家庭是否知道村民代表大会讨论过筛选贫困户这一事情	是
	否
受访家庭是否知道村委会公示评选结果	是
	否

"两公示一公告"中第一次公示是由村委会发布的,发布公示之前村委会需要召开村民代表大会对提出申请列入贫困户名单的家庭进行讨论、投票选举。会议过程、投票结果及公示公告均要存档。第三方评估机构通过访问贫困人口并结合扶贫档案从而公正地评估地方政府在精准识别工作中的合规性。

第三节　精准识别第三方评估过程及数据分析

上文提出精准识别第三方评估从农户的物质条件及意愿条件两方面出发,考核精准识别的准确度及程序合规性。本节将以华中 H 省 L 县和 X 县作为参考,对第三方机构在该地区采集的数据进行分析、阐述。

第三方评估机构于 2016 年在 H 省 L 县开展精准扶贫评估工作,评估组对全县 8 个乡镇抽取了 32 个样本村进行评估。评估的农户分为三类:已脱贫户(2014年和2015年已脱贫的农户),未脱贫户(2016年和2017年预脱贫的农户)和剔除户(在建档立卡"回头看"工作中发现的不符合贫困标准的农户)。评估组在每个村内通过随机抽样的方法,分别抽取未脱贫6户、已脱贫8户、剔除户4户入户开展评估。具体抽样方式如下:第一步,评估人员到村委会获取全部未脱贫户、已脱贫户和剔除户名单;第二步,选择随机起点和间隔,分别在三类农户名单中抽取农户,抽足为止;第三步,在每一类农户名单中,另外抽取样本数30%的农户作为备选,当首选农户不在家时,调查备选农户。本书中凡是利用H省农户数据的分析,农户抽样方式都与此相同。

除了于2016年对L县开展精准扶贫评估工作,第三方评估机构还在同年赴H省X县开展评估。在精准扶贫第三方评估工作开展初期,尽管评估组均以问卷调查作为采集数据的主要方式,但针对不同地区的评估,问卷内容的设置不尽相同:相比于将L县的农户分为已脱贫户、未脱贫户和剔除户,评估组对X县的目标农户分为两类:建档立卡户与非建档立卡户。造成这一现象的原因是多方面的,除了精准扶贫第三方评估工作尚处于摸索阶段,需要制定标准予以规范外,还与各地区接受评估的侧重点不同有关:L县更加关注精准识别过程中"错评""漏评"现象发生情况,而X县则关注识别过程的规范程度。因此两地区接受第三方机构评估的内容有一定的差异。

一 精准识别前农户物质条件与致贫原因分析

(一)家庭年人均纯收入

表4-5　　H省L县与X县2015年家庭人均纯收入情况

地区	第三方评估户型	各户型平均人口数	家庭人均纯收入(元)
L县	未脱贫户	2.9	4222.06
	已脱贫户	3.5	8108.18
	被剔除户	3.9	8993.31

续表

地区	第三方评估户型	各户型平均人口数	家庭人均纯收入（元）
X县	一般贫困户	3.6	2999.29
	五保户	1	3358.18
	低保户/低保贫困户	3.2	2879.45

从表4-5可以看出，L县未脱贫户的家庭人均纯收入较低，只占已脱贫户的52%、被剔除户的47%，这样的经济分布符合众多经济学家对贫困作出的解读：贫困不仅表现在人口当前拥有资源的匮乏，还表现在发展能力受到限制（例如阿马蒂亚·森认为：贫困概念的核心是缺乏获得某种物质生存机会的"可行能力"）。农户一年内获取收入的多少从一定程度上反映了该家庭的发展能力，处在贫困状态的家庭收入较低，经济抗风险能力弱。尽管未脱贫户的经济收入与其他类型的家庭仍有较大的差距，但是高于国家贫困线标准，已脱贫户家庭人均纯收入达到了8108.18元，远高于国家贫困线标准，从收入角度来看，其初步具备了稳定脱离贫困的基础条件。未脱贫户及已脱贫户家庭人均纯收入较高也说明了精准扶贫工作在L县取得了一定的成效，贫困家庭的生活质量有了一定的提升。

表4-5还反映了被剔除户的家庭人均纯收入是三类农户里最高的，家庭人均纯收入接近9000元。这类农户原本被列入贫困名单获得政府的帮扶，但存在"八不进"指定的现象从而被剔除出贫困名单。第三方评估机构经过走访发现，农户被剔除出贫困名单以这两个原因为主：一是家里拥有楼房，在城镇购买商品房或高标准装修现有住房；二是家庭成员拥有消费性小汽车。有部分农户是经过识别程序纳入帮扶名单后购买了消费性小汽车或者盖起了楼房，这从侧面反映了精准扶贫工作在当地取得了一定的成效，群众的生活质量得到了提高。被剔除户的表述进一步印证了贫困是动态的，为了更加精准筛选出贫困户，贫困识别及退出工作需要相应的执行动态管理。

将表4-5中X县的所有样本与L县的未脱贫户进行对比可发现,L县与X县平均家庭人口数接近,但X县的贫困人口年收入明显低于L县的贫困人口。即从收入角度看,X县具有比L县更严重、更深层的贫困状态。X县的五保户收入要比一般贫困户、低保户/低保贫困户高,这得益于当地政府对五保户多方面的生活保障,而其他类型的贫困户得到的支持要少于五保户,从而表现出在收入上的偏低。第三方评估机构通过实地调查,并结合该地区的扶贫历史发现,X县早在1986年就被列入了国家级贫困县名单,此后近30年时间始终没有从贫困县名单中脱离出来,在20世纪90年代由于多方面原因X县的扶贫成效远低于同处一个山区但隶属于邻省管辖的贫困县,H省政府积极学习邻省政府的扶贫模式后X县经济状况有所改善,但山区地形、气候造成的交通、生产不便始终是制约X县脱贫致富的重要因素。

(二)精准识别前与当地实际情况相结合的附加筛选条件

表4-6　　　　H省L县"七进八不进"精准识别条件一览

样本农户类型	各类样本总量（个）	符合"七进八不进"样本数量（个）	"七进八不进"数量占比（%）
未脱贫户	197	11	5.58
已脱贫户	241	30	12.44
被剔除户	114	110	96.49

表4-6中,未脱贫户中有11户符合"七进八不进"条件,占比为5.58%,这意味着有11户农户不适合列入贫困名单,需要从名单中剔除;已脱贫户中符合"七进八不进"条件的占比为12.44%,这30户农户脱贫后存在家庭生活仍旧困难的情况,需要重新列入贫困名单予以帮扶;被剔除户中有110户符合"七进八不进"条件,占比为96.49%,这意味着L县政府剔除不符合条件农户的准确率达到了96.49%,具有较高的贫困人口识别准确率,但是仍存在误差,需要当地政府完善精准识别工作,真正做到"精准扶贫,不落一人"。

二 农户对精准识别的意愿分析

第三方评估机构对精准识别展开工作时,识别工作的合规性是必不可少的评估领域。由于精准扶贫所包含的思想在于资源的进一步优化、配置,精准识别作为精准扶贫的重要组成部分需要得到严格的管控。与识别程序不规范紧密相连的往往是扶贫成效低下、群众对政府工作不满意,甚至官员对扶贫资源的攫取。

第三方评估机构评估精准识别合规性时,主要关注以下两个方面:受访农户对自身的认知;评议、公告是否落实。尽管精准识别工作不断地根据实际情况进行调整(例如原本每个贫困户档案袋中均放有"两公示一公告"照片的复印件,后来为优化工作流程将该文件存放于村委或乡镇政府),但工作始终是围绕上述两个方面展开的。

第三方评估机构成员对 H 省 L 县的贫困村、贫困户进行随机抽样开展入户调查,与农户进行深入访谈的同时按照既定的工作方案观察农户的生活环境、家庭状况。经过整理得出 H 省 L 县农户对精准识别的意愿状况(如表 4-7 所示)。

表 4-7　　　　　H 省 L 县精准识别工作合规性一览

评估组成员对农户精准识别工作意愿的提问	农户对各提问的回答(%)		
	是	否	不知道
1. 受访人是否知道自家被评为贫困户	91.53	8.47	—
2. 受访家庭被认定为贫困户是否经过村民代表大会评议	63.84	3.20	32.96
3. 受访家庭是否知道村委会公示评选结果	59.96	3.20	36.84
4. 评估组成员查看贫困户档案袋中是否有村民投票记录及"两公示一公告"记录	99.54	0.46	—
5. 评估组成员查看贫困户档案中记录的致贫原因,与农户核实是否准确	94.28	5.72	—
6. 被认定为贫困户后,村里是否给农户制定脱贫方案	78.95	7.55	13.50

第三方评估机构将 L 县的农户分为三类:未脱贫户、已脱贫户及被剔除户,为提高调查的准确度,第三方评估机构将精准识别评估的对象设定为未脱贫户、已脱贫户,并且部分提问之间存在一定的相互佐证的关系。例如表 4-7 中的问题 3 与问题 4 均与评选结果公示有关,尽管这两个提问的存在不能完全实现逻辑上的严格佐证,但是对降低调查信息的误差起到一定作用。

表 4-7 中,有 91.53% 的受访农户对自家被评为建档立卡贫困户表示知情,而不知情的占 8.47%;受访家庭对精准识别的民主评议及结果公示知情度偏低,仅有 63.84% 及 59.96% 的受访农户知道民主评议的召开及评议结果经过了公示;农户对村里为自身制定的脱贫方案知情度为 78.95%,即有超过 10% 的农户并不清楚政府为他们制定的脱贫方案,有 7.55% 的贫困户则对村里为他们制定脱贫方案这一事情持不知情态度。而村委会等基层组织又有较完备的"两公示一公告"记录及高真实度的致贫原因记录,说明精准识别工作在 L 县得到了一定程度的落实,但是在政策宣传方面尚有不足之处。由于第三方机构对 L 县精准扶贫工作评估属于事中评估,根据评估结果 L 县可以对相关工作进行修正。L 县在后来的精准识别工作中需要加强相关政策的宣传,尤其是民主评议、"两公示一公告"等信息告知农户,充分提高农户对精准识别程序的参与度、知情度。

本章小结

2016 年年初中共中央办公厅、国务院办公厅印发了《省级党委和政府扶贫开发工作成效考核办法》,第三方评估被确定为对地方政府精准扶贫工作考核的主要方式。本章以第三方评估机构对地方政府精准识别工作的考察为主题展开内容,重点介绍了第三方评估机构在 H 省 L 县与 X 县的精准识别评估工作,分析第三方评估机构针对该项工作制定的指标与在样本地区考核的结果，体现出第三方机构精准识别工作的如下特点。

第一，第三方评估机构多维度评估贫困人口识别工作：贫困人口的识别不仅仅局限于农户的年人均纯收入，还包括家庭成员的多方面生活条件。多维度识别贫困人口体现了我国扶贫理念的进步以及对弱势群体的人文关怀。为了保证评估结果的准确性，第三方评估机构也相应地设立指标多维度进行评估精准识别工作，创造性地将识别程序的合规性纳入评估内容中，侧面推动了精准扶贫工作。

第二，第三方评估机构调查样本具有代表性：从贫困村到贫困户，第三方评估机构均采取随机抽样的方式选定样本，尽可能降低地域、地方干部有意引导等原因给评估结果造成的偏差。所有被随机选中的农户均由第三方评估机构成员亲自入户一对一访谈，在访谈过程中谢绝其他人员在场，提高农户访谈内容的真实性。

第三，第三方评估机构中立的身份给精准识别评估工作带来便利：第三方评估机构是精准识别评估工作中除政府、农民群众以外独立的一方，通常情况下由高校师生组成。第三方评估机构的中立性在一定程度上更容易取得农户的信任从而降低评估工作的难度，并且不带倾向性的立场与工作方式将更加客观地反映地方政府精准识别工作的落实情况。

精准识别是精准扶贫工作中具有导向功能的环节之一，也是实现因户施策的重要前提。第三方评估机构亦需要牢记使命，公正、严肃地评估精准识别工作，为2020年全国消除绝对贫困把关。

第五章　精准退出政策第三方评估分析

第一节　精准退出的概念与政策

一　精准退出的含义与考核目的

精准退出是指政府通过精准扶贫相关的政策和措施使获得帮扶的贫困人口高于划定的脱离贫困的标准并实现可持续发展。习近平总书记在河北省阜平县考察扶贫开发工作时发表讲话：深入推进扶贫开发，帮助困难群众特别是革命老区、贫困山区困难群众早日脱贫致富，到2020年稳定实现扶贫对象不愁吃、不愁穿，保障其义务教育、基本医疗、住房，是中央确定的目标。精准退出的核心是"精准"，凡是符合贫困退出条件的人口，均退出贫困名单，而退出贫困名单的群体中不能存在尚处于贫困状态的家庭。

二　精准退出的政策描述

党的十八届五中全会从实现全面建成小康社会奋斗目标出发，明确到2020年我国现行标准下农村贫困人口实现脱贫，贫困县全部摘帽，解决区域性整体贫困。同时，五中全会还将"扶贫攻坚"改为"脱贫攻坚"，这意味着在2020年这一时间节点，中国政府必须兑现有关脱贫的承诺。① "十三五"期间脱贫攻坚的目标是，到2020年实现"两不愁、三保障"。"两不愁"是指稳定实现农村贫困人口不愁吃、不愁穿；"三保障"是指农村贫困人口义务教育、基本医疗、住房安全有保障；同时，实现贫困地区农民人均可支配收入增长幅度高于全国平均水平，基本公共服务主要领域指标接近全国平均水平。②

由此可见，政府对精准退出作出了一定的要求：以"两不愁、三保障"作为农户退出贫困名单的根本参考；全国所有的贫困村在2020年以前摘帽、贫困户全部脱贫。中央政府鼓励贫困县努力发展自身实现脱贫摘帽，但不允许在扶贫工作中出现弄虚作假、蒙混过关，或者降低扶贫标准、为摘帽而摘帽。为了防止出现"玩数字游戏""搞数字扶贫"的现象，中央政府建立了第三方评估机制，通过第三方评估机构的介入加强脱贫工作的可信度。

三 精准退出的第三方评估方法

精准退出属于精准扶贫的其中一个环节。第三方评估所采用的方法属于事中评估法，评估组成员通常由高等院校师生、第三方评估公司或其他社会组织构成。第三方评估机构对精准退出工作的进程与预期目的相对比，评估地方干部在该方面的工作成效，发现工作过程中的偏移、不合理的现象并提出修正方案。事实上第三方评估机构对地方政府精准识别与精准退出评估工作并不会分开进行，而是通过一次实地的走访调查同时完成精准识别、精准帮扶、精准退出三个农户层面的评估。相同的人员组成、相同的评估手段使精准退出与精准识别评估工作有着较高的相似度。

---

① 中共中央文献研究室：《习近平关于社会主义经济建设论述摘编》，中国共产党新闻网（http://theory.people.com.cn/n1/2017/0627/c40555-29364876.html）。
② 习近平：《脱贫攻坚战冲锋号已经吹响 全党全国咬定目标苦干实干》，2015年11月28日，新华网（www.xinhuanet.com//politics/2015-11/28/c_1117292150.htm）。

第二节 精准退出的指标构建

一 农户退出帮扶范围的物质条件

"十三五"脱贫攻坚计划要求在2020年以前实现农村贫困人口"两不愁、三保障",人均可支配收入超过国家标准,增幅高于全国平均水平。第三方评估机构在评估贫困农户精准退出情况时将围绕以上要求,结合当地实际情况构建精准退出评估的指标体系。

(一)人均纯收入情况

与精准识别工作相似,第三方评估机构需要掌握农村贫困家庭在脱贫当年的人均纯收入情况,从而在收入层面评估地方政府的精准退出工作的准确度。第三方评估机构将农户收入分为如下四类:家庭经营性收入、家庭转移性收入、家庭财产性收入、家庭工资性收入(详见表4-1)。每一类收入有更为细致的分类,尽可能地囊括农户一年的家庭收入。

获得了表中的收入明细后,将所有明细加总即可得知该家庭一年的收入状况,与国家标准相对比后可从收入角度判断该家庭是否准确脱贫。

(二)"两不愁、三保障"情况

家庭人均可支配收入情况尽管是农户脱贫与第三方评估的重要参考,但是这并不等同于农户收入达标就是脱离贫困。精准扶贫的理念在于改善尚处于贫困状态的农民的生活条件,因此在生活条件上加以考察是当前精准退出及相关评估的特点。以往的贫困人口识别与退出以人均年收入作为唯一的依据,从单一维度筛选符合条件的人口,这种模式无形中给后续的扶贫开发工作设定了一个前提:造成人们贫困的原因是货币(或者是当前拥有的维持生活的基本物资数量)。随着扶贫开发工作的推进,传统的贫困人口识别方法不再适用于当前致贫原因多样的形势,单一维度甄别贫困人口不仅会与事实大相径庭,还会导致后续的帮扶模式治标不治本。现阶段的扶贫开发工作采用了新理念,多维度关注贫困人口,除了以收入作为重要的参考指标外,还对"衣食住行"等多个方面进行衡量,更加体现出人文关怀。而第三方评估相应地基于"衣食住行"多维度评估政府精准识别贫困人口的成效。

1. 受访家庭饮食状况

第三方机构将对受访家庭是否"不愁吃"展开调查,获得一系列信息。"不愁吃"并非简单地指受访家庭能吃饱能生存,而是在吃饱的基础上能够不为吃蛋类、肉类、奶类而发愁。可见"不愁吃"被赋予了衡量受访家庭生活质量是否有所提高的新含义,体现了政府及社会各界对困难家庭的进一步关怀。针对"不愁吃",第三方评估将关注如下情况:受访家庭是否存在挨饿情况;能否吃上肉类、蛋类、奶类;吃肉类、蛋类、奶类的频率等。

2. 受访家庭穿衣状况

"不愁穿"是第三方评估机构对精准退出评估的其中一个方面,第三方机构通过对受访家庭的调查了解受访家庭成员的穿衣基本状况,从而确认该家庭是否符合退出贫困名单的标准。针对"不愁穿",第三方评估机构将关注受访家庭是否能够买得起应季衣被。

二 农户退出帮扶范围的意愿条件

与精准识别的第三方评估类似,第三方评估机构对精准退出工作的考察并不局限于某地区农户贫困退出的准确度,还包括贫困退出程序的合规性。1994年我国实施"八七扶贫攻坚计划"时首次实行"省长责任制",通过考核扶贫成效对不合格的官员实行追责,从而对地方官员形成强有力的监督,保证扶贫工作得以严格落实,这一方法在此后多年的实践中经过不断修正与完善沿用至精准扶贫时期。少部分地方干部在扶贫工作中出于急功近利甚至逃避追责、谋取私利的意图而"假脱贫",通过欺骗、强制执行等不符合相关规定的方式快速清空贫困名单从而形成农户提前"摘帽",贫困村提前"出列"的情况。为保证"真扶贫、扶真贫"得以落实,人民群众的生活条件真正得以改善,第三方评估机构对地区贫困退出程序的合规性进行评估成为了不可回避的一个环节。

按照中央及地方各级政府要求,农户退出贫困名单需要经过相关程序审核:村委会从农户实际生活情况出发拟定年度退出贫困户的名单,经过村民代表大会民主评议后由村上报乡、县政府作预脱贫处理;县、乡、村各级对预脱贫农户加大扶持力度并由县政府在年终组织有关部门对拟定退出的贫困户进行入户核查,确定该户是否具备退出贫困名单的条件;农户对退出贫困名单的意愿及部门入户核查情况签字确认,随后农户所在行政村进行公示公告,公示期内无异议将由乡镇上报县政府批准退出,报市(区)备案,并将相关信息录入建档立卡系统。

根据上述贫困退出程序,第三方评估机构针对农户退出帮扶范围意愿条件而设立的指标包括如下方面(详见表5-1):第一,农户是否自愿退出贫困名单;第二,农户退出贫困名单是否经过了相关验收;第三,退出贫困名单是否得到了农户自身、其他群众的认可;第四、农户退出贫困名单是否按上级要求予以讨论与公示。

表5-1　　　　第三方评估机构对精准退出合规性考察指标一览

农户精准退出合规性评估指标	农户可选项		
受访农户目前是否已脱贫	否	是	不知道
受访农户如已脱贫,是哪一年脱贫的	___年		不知道
受访农户被认定脱贫是否经过村里入户调查	否	是	不知道
受访农户被认定为脱贫是否经过村民评议	否	是	不知道
受访农户被认定为脱贫是否经过公示公告	否	是	不知道

农户精准退出合规性评估指标	农户可选项		
为受访农户制定的脱贫措施是否得到落实	否	是	不知道
为受访农户制定的脱贫措施是否产生实际效益	否	是	不知道

在第三方评估机构进入精准扶贫工作评估初期，评估组针对精准退出（也包括精准识别）程序规范程度附加了如下条件：如果农户在精准退出（精准识别）程序合规性的任一提问中选择了"否"，那么该系列提问的所有回答均标记为"否"。这一参考标准意味着受评估地区的精准退出（精准识别）程序合规性将可能因某一环节的疏漏而被全盘否定。事实证明上述参考标准会造成评估结果较大程度的误差。在精准扶贫工作评估中后期，各级政府与第三方评估机构均将"减分式"思路修正为"加分式"，取消上述"一刀切"的参考标准，相比以往这一措施与事实的契合度更高，也得到了社会各界的一致认可。

第三节 精准退出第三方评估过程及数据分析

一 精准退出前农户物质条件分析

虽然中央规定在2020年以前所有贫困户的年人均纯收入要超过国家贫困标准线，许多地区表态坚决按时完成脱贫攻坚任务的同时提高该地区的贫困标准线。由于农户年人均纯收入数量是脱贫的重要依据，为保证该依据更有说服力，尽可能详细地记录农户收入成为了不可缺失的环节。以H省P县为例，第三方评估机构按照表4-1的内容收集农户的年收入明细。经过整理后得出表5-2：

表 5-2　　　　　　　　　P 县农户年人均纯收入一览

家庭收入类型	家庭收入名称	收入数量（元）			
		非建档立卡户		建档立卡户	
		2016 年	2017 年	2016 年	2017 年
家庭经营性收入（元）	种植业	1767.93	1322.76	567.51	481.33
	养殖业	592.11	388.03	311.89	228.50
	林果业	317.54	56.20	22.12	21.82
	其他经营性收入	1748.16	1346.06	137.39	108.38
家庭转移性收入（元）	低保、五保、残疾人补贴	977.37	877.00	6073.86	5305.05
	粮食直补、退耕还林补贴	409.55	433.66	367.69	364.04
	政府其他补贴	1419.14	1465.67	1758.33	1463.23
	赡养人或其他亲友赠送	626.08	571.80	383.46	343.70
家庭财产性收入（元）	土地流转费用	331.42	334.73	208.61	157.50
	房屋出租、入股分红	325.41	344.84	68.45	54.80
家庭工资性收入（元）	打工收入	47399.65	40576.00	12580.786	9503.65
年人均纯收入（元）		13571.45	11581.83	7763.43	6226.17

表 5-2 反映了 H 省 P 县受访农户 2016 年、2017 年的人均纯收入情况，由于多种原因导致受访农户 2017 年的人均纯收入低于 2016 年的人均纯收入，但农户的收入仍远高于国家划定的贫困标准线。无论是建档立卡户还是非建档立卡户，通过打工获取经济收益是他们主要的方式之一：非建档立卡户家庭成员外出打工一年可为家庭带来超过 4 万元的收入，建档立卡户家庭成员在条件有限的情况下一年也可赚取 1 万元，极大地缓解了家庭贫困状况。对于劳动能力受限的农户，各类政府的补贴则是最重要的经济来源。表 5-2 中"低保、五保、残疾人补贴"一项反映出救助性质的补贴为劳动能力受限的建档立卡户带来了巨大的支持，平均每户受益家庭一年可获得约 5700 元的补贴（人均 1900 元/年）（注：评估组对 P 县抽样调查后核算出该地区建档立卡户

平均1户为2.89人），非建档立卡户获得"低保、五保、残疾人补贴"较建档立卡户少，平均每户一年获得920元，两类家庭在该项收入上相差约5000元。

P县的农户绝大多数是兼业农户，即一部分家庭成员外出从事第二、第三产业获取收入，另一部分家庭成员则留守农村从事第一产业，因此，建档立卡户与非建档立卡户收入的差距不仅在家庭工资性收入上有所体现，还包括家庭经营性收入。非建档立卡户在资金、人力等方面拥有更多的优势，其家庭经营性收入比建档立卡户要高。相似的情况还发生在房屋出租、亲友赠送等不同类型的收入上，这些并非偶然现象，其根源正是农户贫困动态性、致贫原因多方面性。基于该条件及中央设立的贫困户脱贫标准，第三方评估机构还需要对农户的"两不愁""三保障"情况进行核查。

表5-3　　　　　　　　P县农户"两不愁"概况

第三方评估机构对农户"两不愁"情况的提问	农户可选项		非建档立卡户选择情况	建档立卡户选择情况*
一日三餐是否有保障？	0. 否	1. 是	92.63%	92.07%
是否有应季衣被？	0. 否	1. 是	90.39%	89.87%
农户家吃下列食物的频率是？	肉类	1. 每天都吃 2. 每2—3天吃一次 3. 一周左右吃一次 4. 半个月左右吃一次 5. 一个月吃一次 6. 逢年过节才吃 7. 基本吃不上	详见图5-1	—
	蛋类		详见图5-2	—
	奶类		详见图5-3	—
	豆类		详见图5-4	—

＊第三方评估机构采取统计建档立卡户、非建档立卡户对"一日三餐是否有保障？"和"是否有应季衣被？"的选择，选择"是"的比例反映样本总体"两不愁"情况。

表5-3中建档立卡贫困户与非建档立卡贫困户对"两不愁"的反馈几乎一致：约92%的农户认为家里一日三餐是有保障的，认为家里不缺应季衣被的则占90%左右。图5-1、图5-2、图5-3及图5-4则反映出农户食用肉、蛋、奶、豆类食品的频率。在图5-1中，农户食用肉类的频率有着较广的分布，从"每2—3天吃一次"到"基本吃不

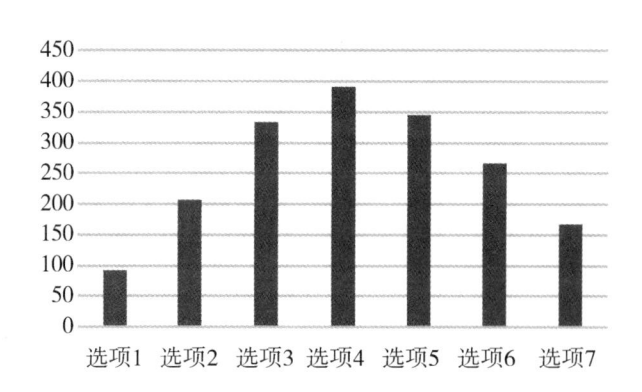

图 5-1　建档立卡户食用肉类频率分布一览

上"均有一定数量的选择，多数农户选择一周至一个月吃一次肉类，这些农户超过总体的50%。图 5-2 中，选择每半个月或以上食用一次蛋类的农户较少，每2—3天吃一次蛋类的农户最多，每周食用一次及

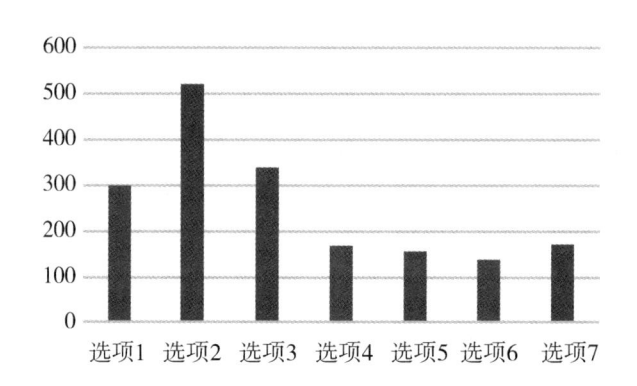

图 5-2　建档立卡户食用蛋类频率分布一览

每天食用一次蛋类的农户位居第二、三位。图 5-3 中农户食用奶类的情况较为统一，绝大多数农户基本没有食用奶类，或者只有逢年过节的时候才会食用。而图 5-4 则表现出农户食用豆类的较大分歧：多数农户每2—3天或者每周食用一次豆类，也有相当数量的农户基本吃不上豆类。

事实上，单凭上述的图标组合并不能够展现出农户饮食方面的真实情况。农户食用肉、蛋、奶、豆类的频率低（间隔时间长）不完全

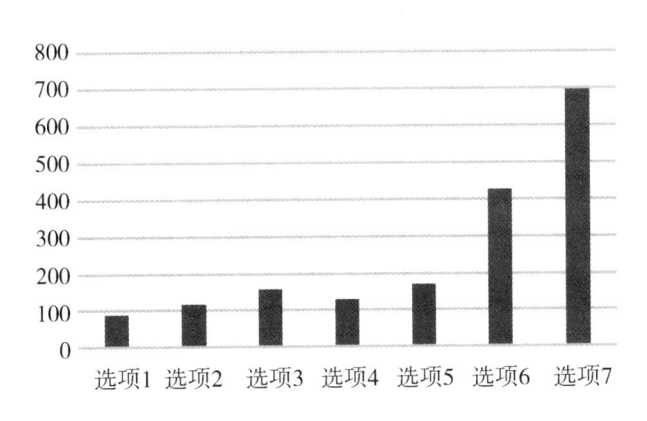

第五章　精准退出政策第三方评估分析

图 5-3　建档立卡户食用奶类频率分布一览

意味着该家庭困难到吃不起这类食品，食用上述食品不仅受到家庭经济条件约束，还与农户饮食习惯、作物种植结构有关。为了弥补问卷信息带来的误差，评估组成员还需要仔细观察受访农户家庭环境，例如通过看农户储存的食物、餐桌上摆放的上一顿没吃完的饭菜等方式综合得出结论，尽可能做到有效采集信息，准确评估结果。

以图 5-4 为例，选择"基本吃不上"豆类的农户占据了一定的比例，但评估组进一步调查后发现选择这一选项的农户并非因为经济条件而吃不起豆类，农户的饮食受种植（养殖）结构影响巨大，家里种的作物、圈养的禽畜是未来相当一段时间内农户食物的来源，如果该家庭没有种植豆类，那么该户食用豆类的频率将远低于种植豆类的农户。对比图 5-2 和图 5-3 可见，由于饮食习惯的不同，P 县的农户更青睐于食用蛋类补充营养及提升生活质量，而牛奶则更多地被贴上了"奢侈品"的标签，被食用的频率远低于蛋类。肉类是上述食物中最常见的类型，其被食用的频率呈正态分布，是农户家庭经济条件及饮食习惯的充分体现。

到 2020 年我国扶贫开发针对扶贫对象的总目标是"两不愁""三保障"，其中"三保障"是指帮扶对象家庭的义务教育、基本医疗及住房安全得到保障。为此，第三方评估机构对 P 县建档立卡户"三保

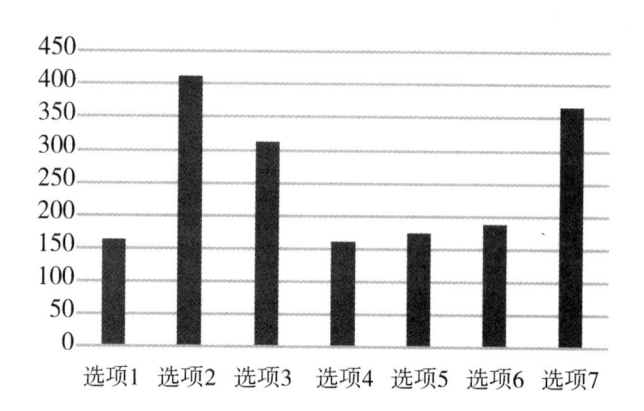

图 5-4　建档立卡户食用豆类频率分布一览

障"情况进行了解。

表 5-4 反映了 P 县受访的 1826 户建档立卡户的义务教育保障整体情况有待完善。尽管从 1800 余户样本的角度来看存在不足现象的户数比例很低，针对适龄儿童上幼儿园、适龄学生接受义务教育、高中教育及大学教育得到的农户反馈表明学生没有享受到对应阶段补助的占比基本位于 5% 以下，但把"不适用"的样本排除后可以发现认为没有享受到对应阶段补助的农户要多于认为享受到相应补助的农户。此外，表 5-4 还反映出 P 县教育保障其他的不足之处：有 30.75% 的家庭存在"2014 年建档立卡以来，义务教育阶段适龄儿童辍学"现象，有 3.73% 的家庭存在"家中有因病因残不能享受义务教育的学生没能接受特殊教育"现象，这些现象的发生说明 P 县建档立卡户教育保障方面仍然存在着硬伤，尚未实现对建档立卡户教育保障的全覆盖。

表 5-4　　　　　　　建档立卡户教育保障情况一览

评估组对建档立卡户义务教育保障方面的提问	农户可选项	农户对相关提问的回答情况（%）			
		0. 否/没有	1. 是 1. ___户	9. 不适用	有效样本量
2014 年建档立卡以来，义务教育阶段适龄儿童辍学户数	0. 没有　1. ___户 9. 不适用	30.75	1.70	67.55	1818

续表

评估组对建档立卡户义务教育保障方面的提问	农户可选项	农户对相关提问的回答情况（%）			有效样本量
		0. 否/没有	1. 是 1. __户	9. 不适用	
如果家中有上幼儿园的孩子，享受过哪些政策？	免保教费	0. 否 1. 是 9. 不适用	5.49	1.98	92.52	1766
	生活补贴	0. 否 1. 是 9. 不适用	4.52	2.88	92.60	1770
如果家中有义务教育阶段学生，享受过哪些政策？	免费营养餐	0. 否 1. 是 9. 不适用	15.64	3.25	81.11	1784
	寄宿补贴	0. 否 1. 是 9. 不适用	10.99	4.37	84.64	1783
	免学杂费	0. 否 1. 是 9. 不适用	6.89	11.60	81.51	1783
如果家中有高中教育阶段学生，享受过哪些政策？	免学杂费	0. 否 1. 是 9. 不适用	3.61	2.60	93.79	1771
	生活补贴	0. 否 1. 是 9. 不适用	3.79	2.37	93.84	1771
	助学金	0. 否 1. 是 9. 不适用	3.96	2.31	93.73	1771
如果家中有大学教育阶段学生，享受过哪些政策？	入学路费资助	0. 否 1. 是 9. 不适用	5.59	1.07	93.34	1771
	新生一次性补助	0. 否 1. 是 9. 不适用	4.51	2.03	93.46	1770
	每学期生活补助	0. 否 1. 是 9. 不适用	3.90	2.88	93.22	1771
	生源地助学贷款	0. 否 1. 是 9. 不适用	4.35	2.25	93.40	1771
如果家中有职业教育学生，享受过哪些政策？	免学费	0. 否 1. 是 9. 不适用	2.99	2.09	94.92	1773
	生活补贴	0. 否 1. 是 9. 不适用	3.44	1.64	94.92	1773
	一次性补助	0. 否 1. 是 9. 不适用	3.22	1.75	95.03	1773
如家中有因病因残不能享受义务教育的学生，是否接受了特殊教育？		0. 否 1. 是 9. 不适用	3.73	0.28	95.99	1769

结合表 5-5、图 5-5、图 5-6、图 5-7 可以发现，P 县的建档立卡户住房保障情况有待完善，有 10.30% 的农户反映其目前住房是危房，但 P 县相关部门没有及时处理；大部分建档立卡户的人均住房面积、易地搬迁安置房面积及危房改造面积不超过 60 平方米；共计有 23.87% 的农户表示自家支付过（全部或部分）危房鉴定费用。这一系列的情况导致了 P 县在当年的精准退出得分因住房保障方面存在较大不足而拉低了评估得分。

表 5-5　　　　　　　建档立卡户住房安全保障情况一览

评估组对建档立卡户住房保障方面的提问	农户可选项	农户对相关提问的回答情况		
您家目前住房是否为危房？	0. 否 1. 是 9. 不知道	否：87.02%	是：10.30%	不知道：2.68%
您家目前家庭人均住房面积	＿＿平方米	详见图 5-5		
您家是否属于易地扶贫搬迁户？	0. 否 1. 是	否：93.15%		是：6.85%
易地搬迁安置房面积是	＿＿平方米	详见图 5-6		
您家是否享有危房改造政策？	0. 否 1. 是	否：74.11%		是：25.89%
危房改造面积是多少？	＿＿平方米	详见 5-7		
危房鉴定费是谁出的？	1. 自家出的 2. 政府出的 3. 自家和政府各出一部分 9. 不知道	1. 自家出的	4.22%	
		2. 政府出的	64.51%	
		3. 自家和政府各出一部分	19.85%	
		9. 不知道	11.42%	

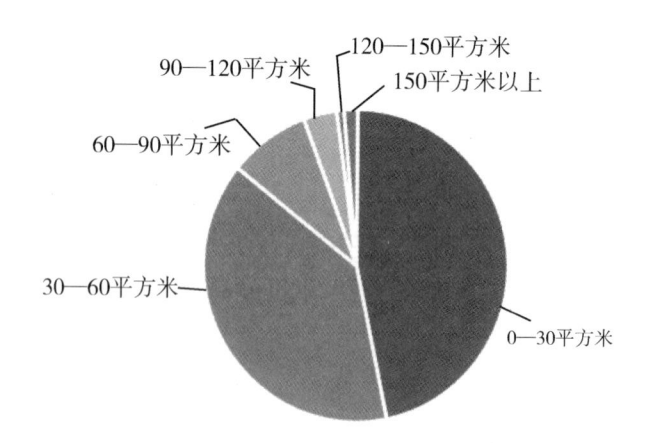

图 5-5　P 县建档立卡户人均住房面积一览

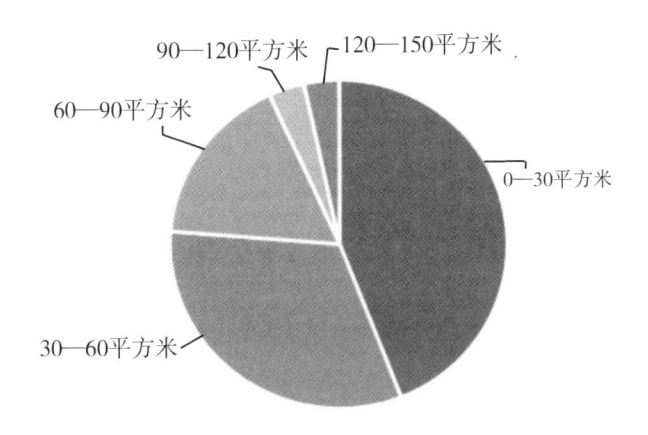

图 5-6　P 县易地搬迁安置房面积一览

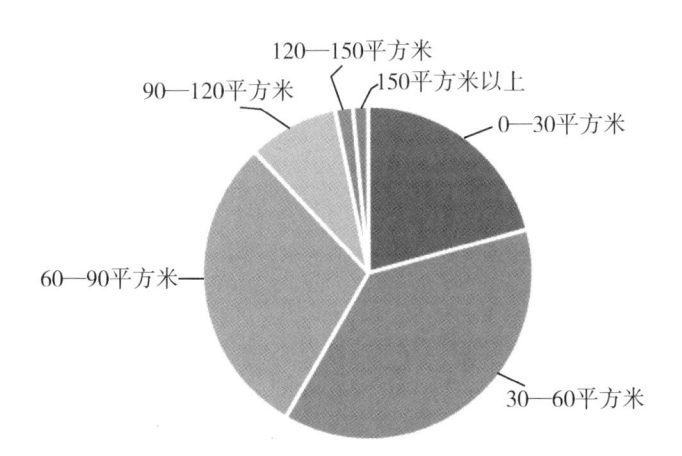

图 5-7　P 县危房改造面积一览

表 5-6 反映出 P 县建档立卡户新型农村合作医疗保险的参与率达到 97.49%，接近 100%。相当数量患有重大疾病符合大病保险、医疗救助政策、精准扶贫补充医疗保险救助范围的农户得到了不同程度的医疗费用报销、减免。但同时也要注意到，有 15%—25% 的农户认为自家符合大病保险、医疗救助政策、精准扶贫补充医疗保险条件，但

是没有享受到政策带来的便利,这与P县医疗保障措施宣传与落实力度不够充分有关,此类情况需要引起相关部门重视,早日完善。

2013年卫生部开始推行"先看病后付费"制定,即对参加医保、新农合范围的病人,无姓名、无陪护人、无地址的"三无病人",病情严重急需抢救的病人采取医院先垫付医疗费,病人出院时只需缴纳属于自己的费用,其余费用由医保部门直接支付给医院的做法。但表5-6中,88.72%的P县受访农户表示去医院看病时仍然要先付费再看病,说明"先看病后付费"制度在该地区落实情况欠佳,结合其他指标可见,农户付费后经过诊疗再进入医疗报销程序;有61.88%的农户表示在医疗报销中采取了"一站式结算",简化了报销程序。

表5-6 建档立卡户医疗方面情况一览

评估组对建档立卡户医疗保障方面的提问	农户可选项	农户对相关提问的回答情况(%)		
符合条件的家庭成员是否全部参加了新农合?	0. 否 1. 是	否:2.51	是:97.49	
有重大疾病的家庭成员是否享受了大病保险?	0. 否 1. 是 9. 不适用	否:23.10	是:37.49	不适用:39.41
家庭成员是否享受了医疗救助政策?	0. 否 1. 是 9. 不适用	否:16.37	是:53.80	不适用:29.83
政府是否为您家购买了精准扶贫补充医疗保险?	0. 否 1. 是 9. 不清楚	否:26.00	是:37.33	不清楚:36.67
2017年您家中是否有人住过院或得慢性疾病?	0. 否 1. 是	否:42.20	是:57.80	
若是,是否需要自己先付费再看病?	0. 否 1. 是	否:11.28	是:88.72	
是否通过医疗报销过医疗费?	0. 否 1. 是	否:7.61	是:92.39	
实际报销比例是多少?	%	详见图5-8		
是否采取了一站式结算?	0. 否 1. 是 9. 不清楚	否:14.63	是:61.88	不清楚:23.49

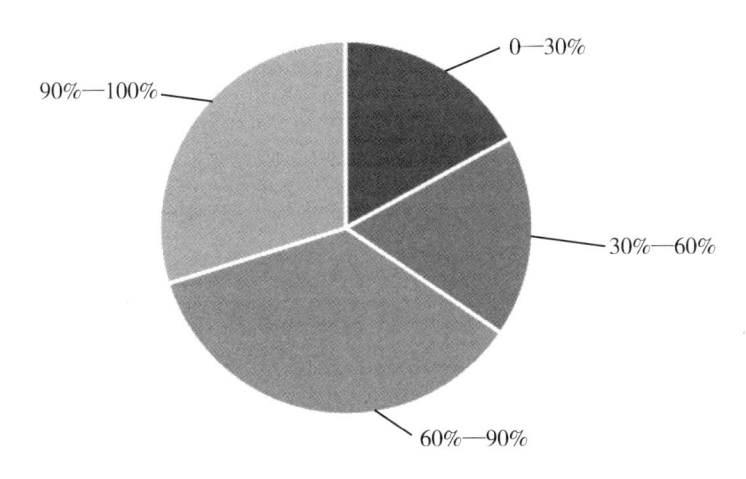

图 5-8　P 县建档立卡户医疗报销比例一览

二　农户对精准退出意愿的分析

除了对农户人均纯收入及"两不愁""三保障"进行评估外，对农户精准退出意愿也是第三方评估机构工作的重点。

与第三方评估机构评估农户"两不愁""三保障"相似，对农户精准退出意愿的调查不局限于向农户提问获取必要信息，评估组成员还需要在向农户询问脱贫年份、是否填写脱贫申请书及签字认可等问题时与扶贫档案中的材料进行核实，加以判断相关部门在落实精准退出时工作程序是否符合规定。

评估组成员通过随机抽样选取了1832户建档立卡户，其中705户在评估工作开展前已经实现脱贫。有少部分受访农户对自己是否脱贫、脱贫认定时是否经过入户调查等情况不了解，通过进一步走访，评估组了解到如下原因：第一，有部分村民长期在外打工，不清楚发生在家中的事情；第二，居住在农村的大多数是年纪较大的老人或者尚未入学的孩子，出于便利与信任，村民会授权村干部及其他帮扶人员处理脱贫相关事务，例如村干部代替不识字的村民在脱贫申请书及确认书上签字等。这容易出现脱贫的农户对脱贫程序的不理解以及否认在脱贫申请书及确认书上签过字等情况。这说明 P 县部分干部在精准脱贫工作中没有严格遵照要求进行落实，事实上在相关文件上按手印相比于签字更具有可行性，能够有效降低农户不知情程度，这一细节虽小但影响巨大，值得 P 县相关部门予以重视。P 县精准脱贫工作合规性不足及农户对精准脱贫认可度不高在表 5-7、表 5-8 中被全面体现：排除询问农户"您家目前是否已脱贫"，全表中没有一项选"是"的指标超过 90%，选择"否"与"不知道"的共有 4 处超过 10%，其中不清楚签过脱贫申请书及结果经过公示公告的农户均超过 16%，P 县需要在接下来的工作中对精准脱贫工作大力整改与完善。

表 5-7　　　第三方评估机构对农户精准退出意愿调查一览

评估组对农户精准退出意愿方面的提问	农户可选项	农户对相关提问的回答情况（%）		
您家目前是否已脱贫？	0. 否 1. 是 9. 不知道	否：51.23	是：38.58	不知道：9.85
您家如已脱贫，是哪一年脱贫的？	＿＿＿年；9. 不知道	—		

表 5-8　　　第三方评估机构对已脱贫农户精准退出程序调查一览

评估组对已脱贫农户精准退出程序方面的提问	农户可选项	农户对相关提问的回答情况（%）		
您家脱贫是否按照脱贫程序填写了申请书？	0. 否 1. 是 9. 不知道	否：12.48	是：70.78	不知道：16.74
您家被认定为脱贫是否经过了村里的入户调查？	0. 否 1. 是 9. 不知道	否：3.97	是：88.79	不知道：7.24
您家被认定为脱贫是否经过了村民评议？	0. 否 1. 是 9. 不知道	否：4.82	是：82.27	不知道：12.91
您家被认定为脱贫是否经过了本户签字认可？	0. 否 1. 是 9. 不知道	否：4.96	是：86.67	不知道：8.37
您家被认定为脱贫是否经过了公示公告？	0. 否 1. 是 9. 不知道	否：4.11	是：79.43	不知道：16.46

本章小结

本章以第三方评估机构在 P 县的调查数据为例,从构建指标到数据分析阐述了第三方评估机构如何开展精准退出评估工作。通过一系列的分析可见第三方评估机构精准退出评估有如下两大特点:

第一,第三方评估机构多维度设立精准退出评估指标。同精准识别评估工作类似,第三方评估机构从农户年纯收入、农户"两不愁""三保障"、相关基础设施建设情况及农户对精准退出工作的意愿多个角度设立指标,力求准确评估该地区精准退出准确度及精准退出程序的合规性,降低单一指标带来的评估结果局限性。

第二,第三方评估机构将感性认识适当引入评估工作中。评估精准退出工作的核心是对受访家庭生活的全面掌握,仅仅使用问卷对农户提问获取信息不足以实现对农户生活情况的掌握,对相关问题的验证与分析需要评估组成员用自己的感官加以佐证,这种做法看似不严谨,但在实际工作中有着较高的准确度及可行度。

随着精准扶贫工作及相关评估工作的推进,第三方评估方法及手段也与时俱进,不断完善自身,在即将到来的 2020 年,第三方评估机构一定能够不负重托,严格、准确地把好脱贫工作最后一关,为我国全面实现小康社会贡献出一分力量。

第六章　精准帮扶政策第三方评估分析

第一节　精准帮扶的概念和政策

一　精准帮扶的概念

近五年来，国家精准扶贫工作力度不断加大。2013年中共中央办公厅、国务院办公厅印发了《关于创新机制扎实推进农村扶贫开发工作的意见》，打响精准扶贫第一枪。之后又印发了《中共中央国务院关于打赢脱贫攻坚战的决定》《省级党委和政府扶贫开发工作成效考核办法》，对精准扶贫方略、工作机制等作出了详细的规定。党的十九大报告提出"让贫困人口和贫困地区同全国一道进入全面小康社会是我们党的庄严承诺"，把精准扶贫提升到"党的使命"的政治高度。在精准扶贫过程中，我国逐渐发展出具有中国特色的驻村帮扶制度。

驻村帮扶是指"在各省（自治区、直辖市）现有工作基础上，普遍建立驻村工作队（组）制度。可分期分批安排，确保每个贫困村都有驻村工作队（组），每个贫困户都有帮扶责任人"[①]。驻村帮扶主要包括两层含义。一是驻村，驻村工作队需要长期驻扎在村庄。驻村是

[①] 中共中央办公厅、国务院办公厅：《关于创新机制扎实推进农村扶贫开发工作的意见》，(中办发〔2013〕25号)，中华人民共和国中央人民政府网。

通过包保责任制实现的,上级党委政府为各个行政村配备专职驻村干部,负责协助村干部管理该村所有事务。所配备的上级党委政府干部被称为驻村干部,对帮扶对象村承担完全帮扶责任。二是帮扶,驻村工作队需要切实在资金、智力、政策、人才等方面对村庄履行帮助和扶持责任。驻村帮扶由新中国成立初期的农村"工作队"演变而成,"工作队"下乡是中国共产党"走群众路线""密切联系群众"的一种反官僚化运作的工作方法。通过"工作队",能够了解民间疾苦。这种工作方式在基层政权组织演变成制度化的"驻村制",并在精准扶贫工作中得到进一步的挖掘和创新。

驻村帮扶是具有中国特色的"大扶贫开发格局"的重要组成部分。[①] 在我国精准扶贫过程中,驻村帮扶能够更加广泛、更为有效地动员社会力量,在全国范围内整合配置扶贫开发资源,形成扶贫开发合力。而且,驻村帮扶再次把党员干部压向基层群众,密切了党群关系。但是,驻村帮扶囿于时空阻隔、乡村空心化等诸多条件的限制,实际发挥的作用有限。驻村帮扶试图通过反官僚制的措施来弥补官僚制的不足,但是实际上它又依赖官僚制来运作,所以仍然无法彻底摆脱官僚制的局限,反而浪费了大量的社会资源。与其他众多制度一样,驻村帮扶在实际运作中也出现了名实分离的矛盾局面。

本书试图分析"驻村帮扶"在实践中是如何运作的,为何作用有限,对于国家权力与乡村社会关系而言具有何种意义。因此,本书在经验层面呈现了 M 镇的调研材料,揭示了"驻村帮扶"复杂的运作机制和逻辑,进而为理解农村精准扶贫困境搭建一个微观的经验平台,为描摹乡村基层治理样态提供素材;在理论层面,对已有研究大多局限于科层组织内部阐释基层权力运行中的矛盾现象进行了反思,在纳入乡村社会基础维度的基础上,提供了一个新的解释框架。

驻村制是指乡镇对所辖的各个行政村配备专职干部,负责联系并

[①] 中共中央办公厅、国务院办公厅印发:《关于创新机制扎实推进农村扶贫开发工作的意见》(中办发〔2013〕25号),中华人民共和国中央人民政府网。

协助该村展开工作；驻村干部代表乡镇领导，指导、督促和协助村干部完成乡镇所下达至村庄的所有行政任务。① 驻村制是一种反官僚化运作的工作方法，更是中国共产党"走群众路线""密切联系群众"的制度化运作机制。然而，目前乡镇干部已从具有乡土气息的农村干部逐渐演变为远离村庄与村民日常生活的现代公务员。虽然这一演变形式上符合现代官僚制组织的特性，但实质上远离了群众路线，基层政府与乡村社会的关系变得愈加松散，乡村社会的各类治理需求难以得到满足。② 驻村制在中国共产党的治理传统中是依循群众路线、深入了解群众需求与疾苦的一种工作方法。它的出现一方面是基于共产党与群众"心连心、鱼水情"关系的治理理念，另一方面又是为了克服"官僚主义痼疾"的一种制度安排。③ 但这一制度安排被嵌入到官僚组织体系之中，却成功地实现了乡镇基层政权"自上而下的压力与动员的传递"④。当驻村制从一种"走群众路线"的治理方式演变成为一种与科层制运作高度"亲和"关系的行政方式，驻村制事实上演变成了乡镇政权与村干部之间的桥梁⑤，通过它来实现"上令下行"进而达至乡镇政权组织任务执行的目的。易言之，这种源自革命时代的动员与集中领导体制下的驻村制，在现行的行政体制下仍具有积极的功能，即只要这一体制仍习惯于以统一的思路来解决千家万户小农的问题，要将上级的统一意志传达到个体化的小农，那么驻村制作为政府与村庄之间的这一制度性的连接链条就有其存在的必要。⑥ 驻村工作队（组）是中国共产党通过政党组织和行政系统向农村派驻的、完成特

---

① 欧阳静：《策略主义：桔镇运作的逻辑》，中国政法大学出版社 2011 年版，第 41 页。
② 欧阳静：《乡镇驻村制与基层治理方式变迁》，《中国农业大学学报》（社会科学版）2012 年第 1 期。
③ 应星：《大河移民上访的故事》，生活·读书·新知三联书店 2001 年版，第 388 页。
④ 吴毅：《小镇喧嚣：一个乡镇政治运作的演绎与阐释》，生活·读书·新知三联书店 2007 年版，第 42 页。
⑤ 欧阳静：《策略主义：桔镇运作的逻辑》，中国政法大学出版社 2011 年版，第 41 页。
⑥ 吴毅：《小镇喧嚣：一个乡镇政治运作的演绎与阐释》，生活·读书·新知三联书店 2007 年版，第 645 页。

定历史时期党的任务的工作组织。很明显，它是在中共的领导下组建的农村工作组织；它的人员选择和构成必须经过党组织的考察和审核；它的工作地点是在农村，工作对象是农民，工作内容是农村工作。① 它是国家与乡村社会之间的新型中介机制和国家权力的非常规运作机制。工作队的介入改变了村庄社区的权力结构，实现了民众动员、精英监控、乡村治理的目标，但也破坏了官僚体制的常规运作机制。② 工作队（组）串联起上下级机构，即有利于将中央的统一意志贯彻到各个地方，减少政策执行的信息不对称，纠正地方政府政策偏离行为。③

对口支援制度。加大东西部扶贫协作力度，建立精准对接机制，使帮扶资金主要用于贫困村、贫困户。东部地区要根据财力增长情况，逐步增加对口帮扶财政投入，并列入年度预算。强化以企业合作为载体的扶贫协作，鼓励东西部按照当地主体功能定位共建产业园区，推动东部人才、资金、技术向贫困地区流动。启动实施经济强县（市）与国家扶贫开发工作重点县"携手奔小康"行动，东部各省（直辖市）在努力做好本区域内扶贫开发工作的同时，更多发挥县（市）作用，与扶贫协作省份的国家扶贫开发工作重点县开展结对帮扶。建立东西部扶贫协作考核评价机制。④

"对口支援"由两部分构成："对口"和"支援"。支援的底色是"援助"。援助行为中包含了支援方的物质产品和服务向受援方转移，"对口"是指资源（包括物质产品与服务）流动的方向性，是一种资源的定向流动。于是，从资源流动的角度来看，对口支援是资源在特定的援助双方之间的定向流动，援助双方之间存在稳定的社会关系。

---

① 刘金海：《工作队：当代中国农村工作的特殊组织及形式》，《中共党史研究》2012年第12期。
② 李里峰：《工作队：一种国家权力的非常规运作机制》，《江苏社会科学》2010年第3期。
③ 李振：《推动政策的执行：中国政治运作中的工作组模式研究》，《政治学研究》2014年第2期。
④ 《中共中央国务院关于打赢脱贫攻坚战的决定》，新华社，2015年12月7日。

因此，资源流动是对口支援的逻辑起点，但是，资源流动只是资源配置的结果，资源流动的机制与方向是由资源配置的方式所决定的。① 对口支援（即结对支援）是区域、行业乃至部门间开展跨边界合作与交流的有效形式，通常泛指国家在制定宏观政策时为支持某一区域或某一行业，采取不同区域、行业之间结对形成支援关系对口支援。对口支援是具有中国特色社会主义制度优越性的具体表现之一，是一项具有重大经济意义和政治意义的工作，是中国各级地方政府在上一级政府的统筹协调下进行横向资源转移和互助协作援助的重要方式。②

在对口支援中，提倡优势互补、互惠互利、长期合作、共同发展。③ 对口支援政策是在政府主导下经济相对发达地区对经济相对落后地区实施的一项区域发展援助政策，通过发达地区支援落后地区，加快落后地区经济社会发展，促进区域协调发展。1979 年我国明确提出对口支援政策并逐步形成了对口支援西藏（简称"对口援藏"）、对口支援新疆（简称"对口援疆"）、对口支援三峡库区、对口支援汶川特大地震灾区等一系列具体形式。2016 年 7 月 20 日，习近平总书记在主持召开的东西部扶贫协作座谈会上明确强调，东西部扶贫协作和对口支援是推动区域协调发展、协同发展、共同发展的大战略，是加强区域合作、优化产业布局、拓展对内对外开放新空间的大格局，是实现先富帮后富，最终实现共同富裕目标的大举措，必须长期坚持下去。④

二 精准帮扶政策

小额贷款政策。2015 年 11 月，中央扶贫工作会议上提出要重视金

---

① 李瑞昌：《界定"中国特点的对口支援"：一种政治性馈赠解释》，《经济社会体制比较》2015 年第 4 期。
② 钟开斌：《对口支援：起源、形成及其演化》，《甘肃行政学院学报》2013 年第 4 期。
③ 赵明刚：《中国特色对口支援模式研究》，《社会主义研究》2011 年第 2 期。
④ 王磊、黄云生：《对口支援政策的演进及运行特征研究——以对口支援西藏为例》，《西南民族大学学报》（人文社科版）2018 年第 5 期。

融扶贫政策,习近平总书记在讲话中强调"要做好金融扶贫这篇文章,加快农村金融改革创新步伐"。紧接着在中共中央、国务院印发的《关于打赢脱贫攻坚战的决定》中,突出了金融扶贫政策的重要性,在"强化政策保障,健全脱贫攻坚支撑体系"中提出"加大金融扶贫力度……支持农村信用社、村镇银行等金融机构为贫困户提供免抵押、免担保的扶贫小额信贷,由财政按基础利率贴息"。国务院扶贫办在扶贫攻坚工作现场推进会上,扶贫小额信贷作为十大工程之一被提出。

为了响应中央精准扶贫战略的顶层设计,确保完成"到2020年所有贫困地区和贫困人口一道迈入全面小康社会"的目标,全国各地都吹响了扶贫攻坚战的号角,各部门也都相继出台扶贫政策,对扶贫工作积极做出了回应。2015年9月24日,H省省委印发了《关于全力推进精准脱贫的决定》文件,对精准扶贫的总体思路、目标任务和具体措施等方面作出了阐释,并且在金融扶贫措施方面明确提出:"创新金融扶贫投入机制。……支持贫困县统筹财政资金建立风险补偿机制,健全利用扶贫资金建立担保金机制,创新发展扶贫小额信贷,对有需求的贫困户实现'10万元以内、三年期限、无担保、免抵押、全贴息'贷款全覆盖。……加大扶贫贴息贷款支持力度,促进贫困人口脱贫增收。"

在政策出台后,有些部门仍然行动缓慢,无所作为。为此,H省省委、省政府又联合下发《关于贯彻实施〈中共中央、国务院关于打赢脱贫攻坚战的决定〉的意见》,强调各地要大力发展扶贫小额信贷,再次重申对符合条件的贫困户实现"10万元以内、三年期限、无担保、免抵押、全贴息"贷款全覆盖。为了在实施小额信贷政策的同时,保障信贷资金的安全,H省安排了专门的扶贫小额信贷风险补偿金。H省扶贫办领导也多次在讲话中强调当前扶贫小额信贷,各合作金融机构可以根据对建档立卡贫困户的授信评级得分给予相应的授信,既保障有需求的贫困户能够得到金融支持,也能够保证信贷安全。

为贯彻落实中央和H省省委、省政府、市委、市政府的决策部署,

B县县委、县政府印发了《关于全力推进精准扶贫精准脱贫的决定》，其中"创新金融帮扶机制"作为具体的政策被列入政策文件中。具体的措施是：建立县级财政风险补偿机制，利用扶贫资金建立担保金机制，创新扶贫小额信贷产品，对有需求的贫困户实现"10万元以内、三年期限、无担保、免抵押、全贴息"贷款全覆盖。

另外，在国务院扶贫办、财政部、中国人民银行、发改委、银监会、证监会、保监会七个部门联合印发的《关于金融助推脱贫攻坚的实施意见》中，尽管对中央扶贫开发工作的基本方略在大方向上予以回应，并且从各个方面提出各项金融扶贫的总体要求，也肯定各地方工作的灵活性，文件中鼓励对有贷款需求的建档立卡贫困户贷款无需担保或抵押等政策，但也明确指出要"积极采取新型农业经营主体担保、担保公司担保、农户联保等多种增信措施，缓解贫困人口信贷融资缺乏有效抵押担保资产问题"。

而在H省政府扶贫办、省财政厅、中国人民银行W支行等五个部门联合印发的《H省创新发展扶贫小额信贷实施方案》的通知中，将"对建档立卡贫困农户进行评级授信，使建档立卡贫困农户得到免抵押、免担保的信用贷款"作为工作原则的第一条写入政策文件中，同时，明确了"对符合贷款条件的建档立卡贫困农户原则上提供5万元以下、三年以内、免抵押、免担保的信用贷款"扶持方式。提出要充分发挥金融机构的作用，加大信贷支持的力度。同时为了保障信贷安全，对建档立卡农户公开评级授信，建立"政府—银行—保险"风险分担机制。

具体到B县，由县扶贫信贷管理办公室同县金融办、财政局、中国人民银行等部门印发的《B县创新扶贫小额信贷工作管理办法（试行）》中，将扶贫小额信贷的重点扶持对象主要归纳为"专业大户、家庭农场、农民专业合作社等新型农村经营主体"和"建档立卡贫困户"。并且在总则中规定："新型农村经营主体申办扶贫小额信贷，应向合作银行提供不低于贷款额度50%、符合合作银行要求的抵（质）押或保证。获得建档立卡贫困户扶贫小额信贷投资的当地新型农村经营主体和 B 县精准扶贫'二十法'中涉及相关产业的项目主体，应在与贫困户利益链接合同或协议中约定提供符合合作银行要求的连带责任担保或抵（质）押保证。"

从中央政府的顶层设计到 H 省政府、B 县政府的具体政策措施，金融扶贫政策都作为精准扶贫战略中的重要扶持措施被列入政策文件中。尽管从中央政府到地方政府，都赋予下一级地方政府制定符合各地方实际的措施规划的权力，但是从 H 省到 B 县政府都明确指出要对有需求的贫困户实现"10 万元以内、三年期限、无担保、免抵押、全贴息"贷款全覆盖的政策。另外，中央层面的金融机构等相关部门对党中央和中央政府的顶层设计作出了积极的回应，但在具体的实施意见中明确提出要"积极采取新型农业经营主体担保、担保公司担保、农户联保等多种增信措施"，保障信贷安全。而在省一级金融机构制定的小额信贷实施方案中，将扶持方式调整为"5 万元以下、三年以内、免抵押、免担保的信用贷款"，相比较而言，省级金融机构的政策方案更倾向于接近 H 省省委、省政府精准扶贫方案中的小额信贷政策。到 B 县这一层级，小额信贷政策要求新型农村经营主体和贫困户申请贷款需要提供抵押与担保。

在对 H 省 B 县的调研中，各部门政策之间的政策冲突、无法形成合力是 B 县扶贫工作的开展陷入困境的重要因素之一。

在对 H 省 B 县金融机构的调研中发现，B 县某村镇银行对有需求的建档立卡贫困户会予以评级授信，分为不同的等级和不同的贷款类型（农村妇女再就业、大学生创业贷款等）。对于征信记录不好者不予发贷款，并且发放贷款最高只有两年期限。这显然与 H 省省委、省政府和 B 县县委、县政府的扶贫政策方案中"三年期限"相矛盾。同时"免担保"政策也并非无需担保，有贷款需求的贫困户首先需要到所在村（社区）申请贷款，但同时借款人需要找到担保人为其作担保，然后由乡镇及县扶贫部门审批复核，审批通过后，由担保人同 B 县财政局下属某担保公司签订担保协议。最后交由合作银行受理、审批和发放贷款。尽管扶贫贷款的大部分风险都是由政府承担,并且在具体的金融扶持方案中对贷款对象、额度及贷款条件作了统一的规定,但是由于金融机构对金融精准扶贫方案缺乏统一的政策措施,各合作银行对于这种具有一定政策性的"政银合作"贷款缺乏统一的内部控制机制、授信授贷机制,其贷款年限和额度都不一致,给金融扶贫工作带来了困难。B 县村镇银行一位负责信贷的工作人员表示,"借款人都是和当地政府的担保公司签订的担保合同,我们银行其实对这个不是很懂,主要都是当地政府和财政部门来把关……钱损失了都由担保公司赔付,银行没有什么损失,不然我贷款给你,搞亏了我还是要来找你"(访谈记录 FXB0724)。

在精准扶贫战略的引导下,各个部门所出台的政策出发点都是好的,但是在具体落实过程中,由于"相互打架"难以形成合力,使扶贫工作的效果大打折扣。在调研中,被派驻到 D 村担任帮扶干部的王某在帮助村里养殖基地负责人贷款时,也深感到政策冲突的无奈,"帮扶对象要贷款,除了财产抵押之外,还需要公务员或者事业单位工作人员以自己的工资作担保,最后我只好连自己的妻子也拉进来担保"(访谈记录 XW0729)。

在 B 县出现的问题,在其他地方也表现出各种形式的金融扶贫政策冲突,H 省扶贫办领导在一次讲话中也指出这一矛盾,"有些地方贷款期限不是三年,而是一年,并且要每年签一次信贷合同;有的地方贷款利率严重偏高,几乎在基准利率上翻倍了;有的地方还用老办法,需要几户联保"。

在上述案例中,政策冲突突出表现为党政机关小额信贷扶贫政策——"三年期限、无担保、免抵押"与金融机构的金融扶持措施——"连带责任担保或抵押担保"之间的冲突,以及金融机构内部在纵向层级上金融精准扶贫方案之间的冲突。在精准扶贫政策复杂的政策系统中,金融扶贫政策作为政策子系统,按其政策主体的权力位阶高低和职能范围划分成不同的纵向与横向结构,不同的政策主体存在不同的利益与目标,而且在职能范围上存在交叉,使政策冲突时有发生。实际上,案例中反映出党政机关以实现精准脱贫为目标与金融机构以保障信贷安全为目标之间的冲突。尽管各级党政机关的金融扶贫政策方案中都强调风险补偿机制与评级授信等配套措施的落实,以保障信贷安全,但是在实际运行的过程中,金融机构依然要求借款贫困户提供抵押或担保。政策之间的相互冲突为政策执行者带来许多困扰,同时也使政策效果大大削弱。

驻村帮扶政策。2013年11月,习近平总书记到湖南湘西考察时首次作出了"实事求是、因地制宜、分类指导、精准扶贫"的重要指示。2014年1月,中办根据习近平总书记的重要指示,详细规制了精准扶贫工作模式的顶层设计。2014年3月,习近平总书记进一步强调,要实施精准扶贫,瞄准扶贫对象,进行重点施策。2015年6月,习近平总书记再次强调要科学谋划好"十三五"时期扶贫开发工作,确保贫困人口到2020年如期脱贫,并提出扶贫开发"贵在精准,重在精准,成败之举在于精准",精准扶贫的理论正式确立。

为了实现到2020年全面消除贫困的目标,中共中央、国务院联合公布《中共中央、国务院关于打赢脱贫攻坚战的决定》,再次提出要注重选派思想好、作风正、能力强的优秀年轻干部到贫困地区驻村,选聘高校毕业生到贫困村工作。根据贫困村的实际需求,精准选派驻村工作队,提高县以上机关派出干部比例。《决定》要求,加大驻村干部考核力度,不稳定脱贫不撤队伍。对在基层一线干出成绩、群众欢迎的驻村干部,要重点培养使用。截至2015年年末,共有48万名干部被派驻到贫困村,99%的贫困村已经有选派驻村干部进入。精准扶贫被比喻为"滴灌",而驻村帮扶则被比喻为实现精准扶贫的管道,从这个意义上说,帮扶工作队是否能有效地工作对于实现精准扶贫的目标具有重要的意义。[①]与原有的扶贫模式相比,精准扶贫的背景和目标都已经发生了变化,如果沿用原有的驻村帮扶模式,就很难实现彻底解

---

① 杨芳:《驻村"第一书记"与村庄治理变革》,《学习论坛》2016年第2期。

决绝对贫困问题的目标。

地方政府希冀通过驻村帮扶的实施，在驻村干部与贫困户之间建立一种制度化的连接方式，加强对他们的帮扶，达到让他们脱贫的目的。尤其是上级政府对扶贫成果督察期间，高度紧张的基层政府更是重视落实驻村帮扶制，强化对贫困户的帮扶。[①] 起初，驻村帮扶只是在部分地区以非正式的方式存在，如今，它已经由最初的非正式制度转变为一项嵌入科层体制中的正式制度，各级政府都通过正式发文的形式公开要求相关部门和人员做好驻村帮扶工作。

第二节 精准帮扶第三方评估的指标构建

2015年中共中央、国务院颁布的《中共中央、国务院关于打赢脱贫攻坚战的决定》和2017年中办、国办印发的《关于加强贫困村驻村工作队选派管理工作的指导意见》对精准帮扶工作进行了详细的规定。《决定》指出："加大东西部扶贫协作力度，建立精准对接机制，使帮扶资金主要用于贫困村、贫困户。东部地区要根据财力增长情况，逐步增加对口帮扶财政投入，并列入年度预算。强化以企业合作为载体的扶贫协作，鼓励东西部按照当地主体功能定位共建产业园区，推动东部人才、资金、技术向贫困地区流动。启动实施经济强县（市）与国家扶贫开发工作重点县'携手奔小康'行动，东部各省（直辖市）在努力做好本区域内扶贫开发工作的同时，更多发挥县（市）作用，与扶贫协作省份的国家扶贫开发工作重点县开展结对帮扶。""鼓励支持民营企业、社会组织、个人参与扶贫开发，实现社会帮扶资源和精准扶贫有效对接。引导社会扶贫重心下移，自愿包村包户，做到贫困户都有党员干部或爱心人士结对帮扶。"根据《决定》，精准帮扶主要

---

① 毕辰欣：《地方治理视野下贵州乌蒙山地区扶贫开发研究》，硕士学位论文，贵州财经大学，2015年。

包括两个部分：一是驻村帮扶；二是对口支援。《指导意见》对驻村帮扶工作进行了具体的规划：驻村帮扶一是要驻村，二是要帮扶。"每个驻村工作队一般不少于3人，每期驻村时间不少于2年。干部驻村期间不承担原单位工作，党员组织关系转接到所驻贫困村，确保全身心专职驻村帮扶。脱贫攻坚期内，贫困村退出的，驻村工作队不得撤离，帮扶力度不能削弱。""根据贫困村实际需求精准选派驻村工作队，做到务实管用。坚持因村因户因人施策，把精准扶贫精准脱贫成效作为衡量驻村工作队绩效的基本依据。"

表 6-1

驻村情况	您知道村里有驻村帮扶工作队吗？	[0] 否 [1] 是	F1
	驻村帮扶工作队是否有人来过您家？	[0] 否 [1] 是	F2
	您家有专门的帮扶人吗？	[0] 否 [1] 是	F3
	该帮扶人来过您家吗？	[0] 否 [1] 是	F4
帮扶到位性	在村委会查阅相关记录，查看是否给已脱贫农户安排了帮扶责任人以及帮扶措施。如均有，则此题选"是"，如缺任何一项或两项均没有，则此题选"否"。	[0] 否 [1] 是	F5
帮扶成效	帮扶人有给您宣传过扶贫政策吗？	[0] 否 [1] 是	F6
	帮扶人给您家带来了增收或就业项目吗？	[0] 否 [1] 是	F7
	帮扶人员给您家带来了生产或就业技能方面的提升吗？	[0] 否 [1] 是	F8
脱贫有效性	针对您家制定的脱贫措施是否落实？	[0] 否 [1] 是	F9
	针对您家制定的脱贫措施是否带来了收益？	[0] 否 [1] 是	F10
"五个一批"落实情况	您家是否接受了如下（至少一种）帮扶措施： 通过"发展生产"助你脱贫 通过"易地扶贫搬迁"助你脱贫 通过"生态补偿"助你脱贫 通过"发展教育"助你脱贫 通过"社会保障（五保、低保等）兜底"助你脱贫	[0] 否 [1] 是	F11

一 驻村情况指标

省驻村工作队采取属地管理、分片管理与分县牵头单位管理相结合的办法,各司其职,加强协作。驻村工作队员和第一书记必须与原单位工作脱钩,吃住在村,工作到户,每年驻村工作时间不得少于180个工作日,派出单位不再对他们安排其他工作任务。严格考勤制度,采取记工作日志与考勤登记相结合的办法量化考核;严格工作制度,记载《民情日记》,并作为年度考核内容,建立工作台账,对帮扶到村到户的项目建设情况、发现及需要解决的问题、群众反映的突出问题和要求等进行分门别类,制定具体的工作计划和日程安排;实行承诺公示制度,工作队的帮扶项目或兴办的好事实事,要对村民进行承诺并上榜公示;实行定期报告制度,每半年以书面形式向所在县(市、区)党委政府、片长和派出单位报告工作,每年进行工作总结;实行定期通报制度,利用建档立卡信息化管理平台,结合省驻村工作队办公室、各片长单位的检查督办情况,对各省驻村工作队驻村帮扶情况,进行跟踪督察,定期通报。

2016年《H省驻农村工作队(扶贫工作队)指导和管理办法》加强了对省驻村工作队的考核,将驻村工作队开展帮扶工作的绩效、扶贫专项资金的使用绩效、派出单位支持驻点村项目建设情况、派出单位党员干部帮扶贫困户情况作为重点考核内容,并制订具体的考核细则。每一年度对省驻村工作队进行总结和评议,对年度开展工作突出的工作队、工作队员和支持单位进行通报;对工作不积极、措施不得力、效果不明显的工作队和帮扶单位实行问责,并限期整改。

二 帮扶成效指标

深入宣传党的十八大和十八届三中、四中、五中全会和习近平总书记"三农"工作系列重要讲话精神,宣传贯彻中央和省委、省政府关于扶贫攻坚、新农村建设的决策部署和各项强农惠农政策。广泛开展入户调查，全面掌握贫困村、贫困户的基本情况，帮助村"两委"更新贫困村、贫困户信息，实行动态管理。因村因户制定脱贫规划和方案。组织发动和教育引导群众转变思想观念，增强脱贫奔小康的信心和决心，提升自我发展能力，为打好精准扶贫攻坚战激发内生动力。

以扶贫规划和到户到人帮扶方案为依据，指导和协助村"两委"对各类涉农基础设施建设和生产发展专项资金、财政扶贫专项资金、部门对口帮扶资金、社会捐助资金、信贷扶贫资金以及市场融入资金等，按照"统一规划、集中投入"的原则，科学整合，合理使用，集中用于精准扶贫，确保项目资金投入精准到村到户到项目。做好社会帮扶力量的争取和对接工作，动员社会组织、非公企业、个体工商户、爱心人士等社会力量参与扶贫开发，开展多种形式的到村到户帮扶。

围绕精准扶贫任务，实施好"六个一"帮扶工作，即制定一个切实可行的脱贫致富规划；帮助发展一个以上优势明显的群众致富主导产业；扶持发展一个村级集体经济项目；实施一批水、电、路、气、房等基础设施建设项目；解决一批教育、卫生、文化、社保等民生问题；实施一批改水、改厕、绿化、美化等村容村貌改造工程。

各省驻村工作队派出单位要采取领导联县带乡挂村、单位包村、工作队驻村、党员干部结对帮户的方式，实现党员、干部结对帮扶贫困户全覆盖。组织动员单位干部职工积极参与驻点村贫困户及贫困人口的结对帮扶，瞄准帮扶对象制定个性化的帮扶方案，因户施策，落实好"十个到户"的精准帮扶措施。即支持贫困劳动力接受职业技能培训，实现多渠道稳定就业到户；因户施策发展产业到户；帮助获得产业发展小额贷款到户；实施资助贫困学生完成学业到户；实施搬迁扶贫到户；实施危房改造到户；改善农业生产基础设施到户；实施改善民生工程到户；实施人居环境整治到户；落实新型农村合作医疗、大病救助、养老保险、农村低保等社会保障政策到户。

各省驻村工作队队长要在驻点村所在县、乡党委的领导下，认真履行第一书记的职责，推动村党组织整顿转化、晋位升级。着力解决村"两委"班子不团结、软弱无力、工作不在状态等问题,指导村党组织严格落实"三会一课",严肃党组织生活,帮助村干部提高依法办事能力。帮助建好用好村党员群众服务中心,打通联系服务群众"最后一公里"。督促落实"五议五公开",促进村级事务公开、公平、公正。倡导文明新风,促进农村和谐稳定。

第三节 精准帮扶第三方评估分析

第三方评估机构对 H 省 L 县与 X 县的农户入户调查,除了收集农户被纳入贫困及退出贫困的数据外,还采集了农户对驻村工作方面的看法。在 L 县,农户对驻村帮扶情况的反馈,主要是通过第三方评估机构人员询问农户"是否知道村里有驻村帮扶工作队?""是否有专门的帮扶负责人?"等八个问题实现的;在 X 县,第三方评估机构将农户对扶贫政策的了解情况、村干部与驻村工作人员扶贫工作满意情况结合在一起进行数据的采集。其中问题 1 至问题 4 属于第三方评估机构对 L 县驻村帮扶情况的提问;问题 5 至问题 7 属于第三方评估机构对 L 县驻村工作队工作成效方面的提问,问题 8 是为评估人员进一步了解驻村工作队帮扶措施额外设置的辅助提问。评估人员对 L 县、X 县农户关于驻村帮扶工作的访问内容如表 6-2 所示。

表 6-2 第三方评估机构对 L 县、X 县农户关于驻村帮扶工作的问答情况

L 县		
评估人员访问内容	否	是
1. 您是否知道村里有驻村帮扶工作队?	48	389
2. 驻村帮扶工作队是否有人来过您家?	48	389
3. 您家是否有专门的帮扶责任人?	54	383
4. 2015 年以来该帮扶责任人是否来过您家?	55	382

续表

L县		
评估人员访问内容	否	是
5. 驻村帮扶人员是否为您家开展过国家扶贫政策的介绍或宣传？	80	357
6. 驻村帮扶人员是否给您带来了增收或就业项目？	150	287
7. 驻村帮扶人员是否给您家带来了生产或就业技能方面的提升？	233	204
8. 您家是否接受了帮扶措施，如有至少一种则选"是"？	44	393

X县			
评估人员访问内容	很了解/很满意	了解一些/不满意	不知道/不回答
9. 您是否知道国家关于扶贫的政策和措施？	247	671	133
10. 您对村干部和驻村工作人员的扶贫工作是否满意？	925	51	75

一 满意度分析

L县样本共有240户已脱贫户和197户未脱贫户，平均约89%（图6-1的浅横线）的贫困户知晓村内有驻村帮扶工作队，但将知晓情况细化到乡镇时可发现，L县共有3个乡镇实现了超过90%的农户知晓驻村帮扶队的存在，同一指标另有4个乡镇超过85%。各乡镇农户对驻村帮扶工作队的了解程度有较大的差异：8个乡镇中知晓率最高的乡镇达95.6%，而知晓率最低的只有78.8%，这说明不同乡镇之间对驻村工作队的宣传力度明显不一，并导致农户明显的知晓情况差异。L县各乡镇农户对驻村帮扶工作队了解程度如图6-1所示。

在第三方评估机构人员所访问的X县1051个样本贫困户中，有247户（23.5%）贫困户表示很了解扶贫政策和措施，671户（63.8%）贫困户了解部分政策，12.7%的贫困户则对政策完全不了解（详见表6-2）。若细化到乡镇，则可以发现各乡镇之间宣传力度的不

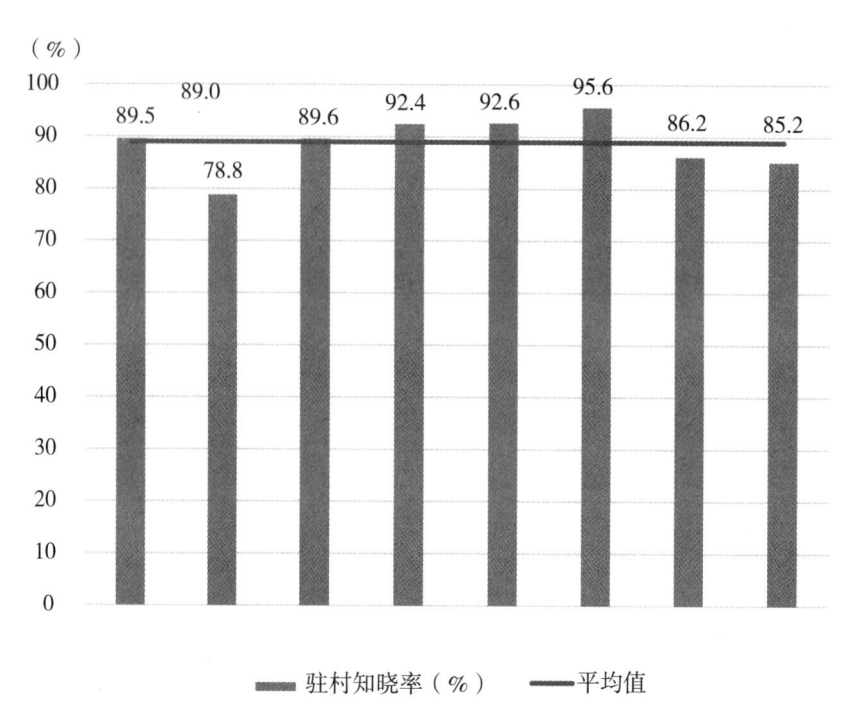

[图表：L县8乡镇驻村帮扶工作队知晓率，数据为89.5、89.0、78.8、89.6、92.4、92.6、95.6、86.2、85.2]

图6-1　L县8乡镇驻村帮扶工作队知晓率

统一同样存在于X县，个别乡镇村民不了解国家扶贫政策与措施的比例达到25.3%，远超X县的平均水平（全县平均12.7%的农户不了解相关政策）。由于第三方评估机构对L县及X县的多样本调查处于同一时期，因此两县数据更多的是地方工作人员对政策执行结果的反映，并非多种因素形成的巧合。

二　帮扶成效分析

在L县，397个农户样本中，约70%的农户认为驻村帮扶队的工作具有成效，其中有2个乡镇认为驻村帮扶具有成效的农户比例超过80.0%，图6-2中的2号乡镇认为驻村帮扶有成效的农户比例偏低，只有57.0%。比全县平均值低13.0%。县内各乡镇农户对驻村帮扶成效的意见如图6-2所示：精准扶贫政策实施的最终目的在于消除贫困、

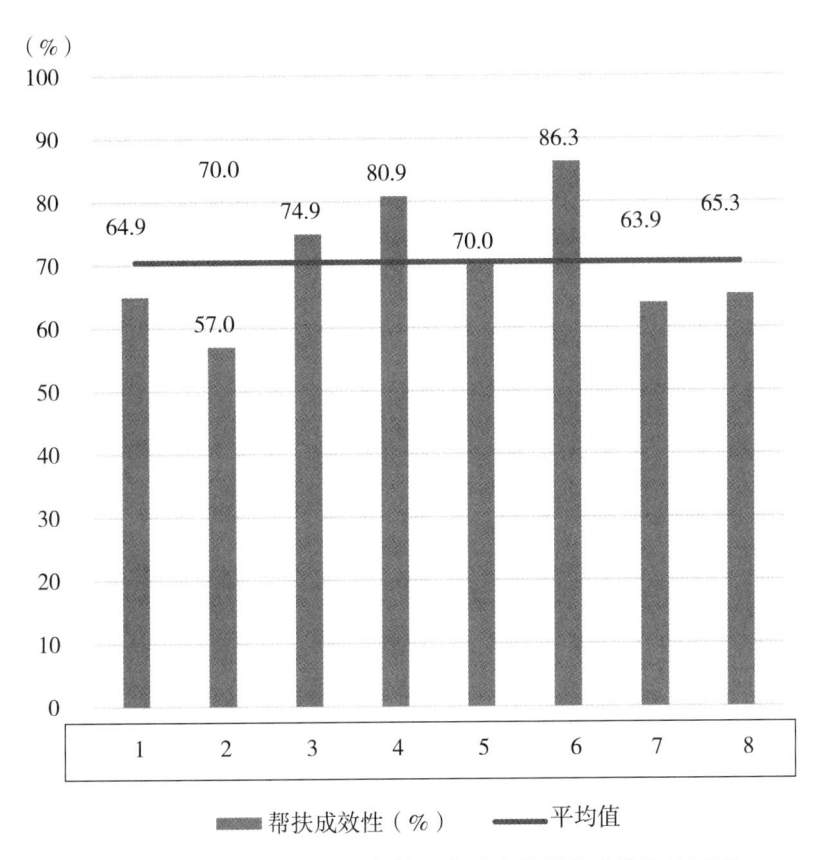

图 6-2　L 县 8 乡镇农户对帮扶工作队驻村帮扶成效的认可度

实现我国的全面小康，扶贫成效是首要的评估标准，倾听群众对帮扶队伍及帮扶措施的看法则是一种与直接观察农户收入情况、村集体经济增长视角不同的评估方式，相比后者，前者包含了更多的人文关怀。

与 X 县直接询问农户"对村干部和驻村工作人员的扶贫工作是否满意"不同，L 县的"驻村帮扶满意度"并非由一个提问直接获取信息，而是根据表 6-2 中问题 1 至问题 7 的回答通过加权赋分的方式得知农户对驻村帮扶的满意度，如图 6-3 所示。L 县农户对驻村工作队帮扶满意度为 81%（图中浅横线所示），农户满意度最高的是 6 号乡镇，达 91.5%，最低的是 2 号乡镇，群众满意度仅有 69.1%，满意度在80%—90%之间的有4个乡镇，3个乡镇满意度在70%—80%。

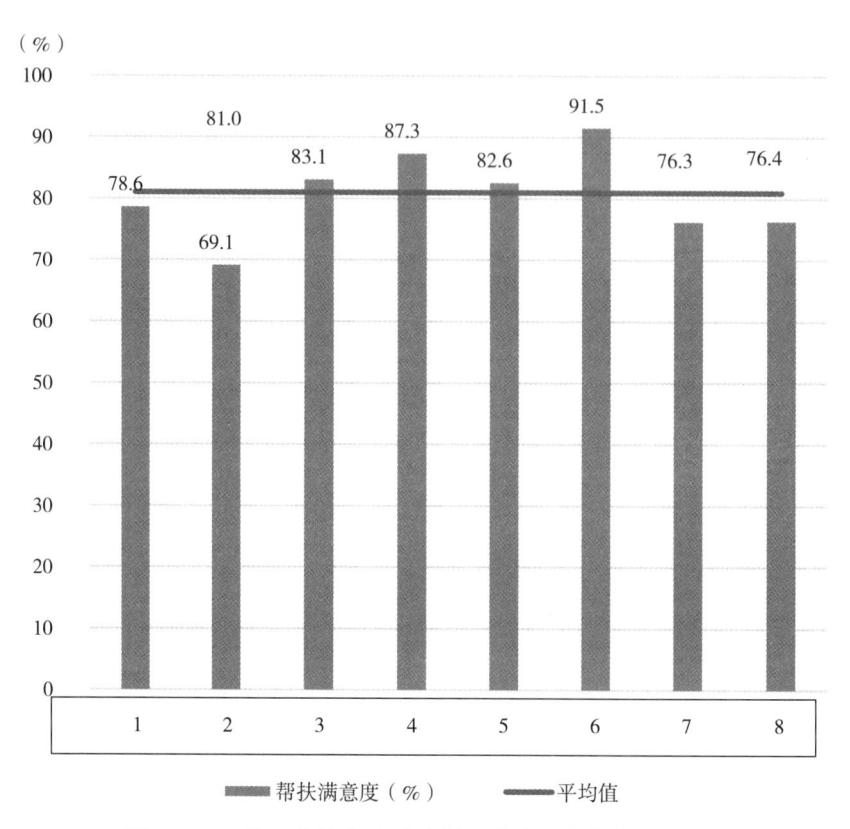

（%）

乡镇	1	2	3	4	5	6	7	8
帮扶满意度	78.6	69.1	83.1	87.3	82.6	91.5	76.3	76.4

图6-3　L县8乡镇农户对驻村工作队驻村帮扶满意度

在X县1051个样本农户中，有925户（约88.0%）农户对当地的村干部及驻村工作队的工作表示满意，51户（4.9%）的农户不满意村干部及驻村工作队的工作，另有75户（7.1%）农户不回答该问题。

从上述统计可以看出，同一时期，L县与X县始终存在着程度不一的"农户不了解国家扶贫政策"、"帮扶措施成效不足"以及"农户不认可驻村工作队的工作"的直观现象，并且距离中央及H省关于精准扶贫的相关标准尚有一定距离。以L县2号乡镇为例，无论是当地群众对政策的知晓度、对驻村工作队的满意度及驻村工作的帮扶成效认可度均远低于全县平均水平，这说明2号乡镇相关工作人员在政策宣传、工作方法上存在着较大的漏洞，从而导致群众对其工作的不满意；X县尽管有着较高的群众满意度（群众对驻村工作队满意度为88%），但有约12%的群众没有明确表达对驻村工作队的认可，如何提高驻村工作队在当地的工作成效及群众认可度将成为X县精准扶贫的工作重点之一。

第四节 精准帮扶政策的改进和讨论

精准扶贫作为新时期的重要工作得到了高度重视。各级党委和政府研究和分析精准扶贫工作中存在的突出问题，按照时间节点稳步推进精准扶贫工作；各地积极探索精准扶贫新模式，不断完善工作方法推动扶贫措施的实施。精准扶贫工作已取得阶段性成果。然而，在精准扶贫实践中，还存在一些共性问题和矛盾之处，需引起各级政府的高度重视。本书着重分析精准扶贫中需要正确处理的几个矛盾，为深入的精准扶贫政策设计提供参考。①

一 扶业与扶人的矛盾及其改进

"产业扶贫"是在国家精准扶贫背景下，将现代农业发展要求与扶贫对象自身特点相结合的帮扶政策。产业扶贫出现在党中央、国务院至各级地方政府的精准扶贫政策文件中，在"五个一批"中排名第一位。产业扶贫以市场为导向，将产业发展作为杠杆，目标是促进贫困地区的发展和增加贫困户的收入。

但是，在当前动员各级政府和社会参与扶贫攻坚的"运动式"背景下，产业扶贫潜在的问题往往容易被忽略。尽管农村产业结构有了一些变化，但目前农业仍旧是农村的主导产业。产业扶贫的关键是能

---

① 孔凡义、况梦凡：《我国农村精准扶贫中的政策冲突：现实困境与实践逻辑》，《中国农村研究》2016年第2期。

够针对市场需求,补充市场不足,而不是单纯地依靠生产更多的农产品。随着农村劳动力的大量流出,大多数农村的农业基础设施建设如养殖设施、种植大棚、沼气设备等已经废弃,多数贫困村都演变成"空心村",没有劳动力,"老弱病残"成为贫困村的主力,使得产业扶贫缺乏承载主体,缺乏抗风险的能力。在一些地方甚至出现为了产业扶贫而不切合当地实际一窝蜂发展产业的现象。这样的做法往往没有考虑产业的实际效果,不仅无益于脱贫,还会干扰市场信息,导致贫困户利益受损,给贫困户的处境雪上加霜。

有些地方干部谈到了对产业帮扶的"茫然":"我们是尽可能地在产业上做工作,但还存在问题。有政府扶持,但是也要靠自己……比如产业养殖,这个是有风险的产业,市场行情是在不断变化的一家一户抗风险能力比较差,而且没有形成一定的规模……再说我们这个花生产业,虽然有个加工厂,有一定的依附,但产业扶贫是个长远的问题……就算你种个茶叶,也要三年啊,哪有这么容易。"

在贫困户脱贫作为地方政府绩效重要考评指标的背景下,各级地方政府层层传导压力,形成了前所未有的扶贫攻坚动员局面。但是扶贫是一项需要长期治理的工作,应当尊重缓解贫困的自身规律。过度的"运动式"扶贫反而会消解政府政策的积极功能,滋生形式主义。在调研中发现,有些包保责任人并不清楚对贫困户采取什么样的产业脱贫措施,包保责任人也缺乏准确判断市场的能力,在扶贫考核等压力下,"逼急了就用一些临时的措施"。如有些地方扶持措施主要是发展家畜养殖,但是帮扶单位的帮扶措施较"粗糙"——每户贫困户给予10只至15只鸡,以增加收入。这种产业扶贫的方式只能证明做了哪些项目,投入多少资金,但是却无益于贫困户脱贫,与产业扶贫应有的功能背道而驰。

二 扶贫持久战与扶贫游击战的矛盾及其改进

精准识别是精准扶贫政策得以有效落实的前提,需要通过有效、合法的标准和程序将贫困户筛选出来，以便了解贫困户的基本信息，采取精准的帮扶措施。在精准扶贫工作启动后，各地纷纷开展精准识别的工作，但在实际工作的开展过程中，精准识别工作反复经历了几个阶段。在参照人均纯收入的国家标准基础上，各个地方政府也有自己的识别方案。例如，某县的第一轮精准识别工作开始于2015年8月，出台"十进十不进"政策，以此作为贫困识别的标准，并向省里上报了贫困人数。

为了保证全省贫困户精准识别的规范性和准确性，保障贫困对象能够公正地享受到扶贫资源，防止扶贫对象信息虚报等现象，2015年11月，H省扶贫办印发了《关于认真做好扶贫开发建档立卡数据质量核查工作的通知》，在文件中提出要对扶贫对象的精准识别做好"回头看"工作，核查贫困对象信息，剔除贫困对象中存在"水分"等问题，要求各地应当尊重实际情况，摒弃"争取政策"的导向转变为以"精准扶贫"为导向。因此，根据省相关部门的要求，各县于2016年2月完成了精准识别"回头看"的工作。

仅从省、各市印发的关于精准识别的政策文件上看，"回头看"工作能够提高识别对象的准确性、科学性，有助于扶贫工作的开展。但是，在政策实际运行过程中，却使政策执行者感到棘手。精准识别的政策方案反复变化，随意性强，缺乏稳定性与科学性，使政策制定—政策执行过程来回往复，给扶贫工作的开展增添了困扰。

实际上从中央提出精准扶贫，各地投入到扶贫攻坚战，再到精准识别工作的启动，其中经历的时间较短。从中央到各级地方政府的政策形成比较仓促，缺乏过去农村工作行之有效的由点到面的过程。扶贫政策处于一边执行一边修改的不稳定过程中，政策过程并未形成"政策制定—政策执行—政策反馈—政策调整"的闭循环。相反，往往是还未认真考察、反复调研政策方案的可行性与科学性，便"摸着石头过河"执行政策方案。政策稳定与维持是公共政策有效性的基础，没有考虑到政策实施的可行性，忽略政策过程的合理性，政策过程的冲突造成了政策资源的大量浪费，并且政策朝令夕改让人无所适从，可能使政策执行者思想认识模糊，疲于应付。

三　常规式扶贫与非常规扶贫的矛盾及其改进

改革开放以来，我国国家治理转型经历了从总体支配到技术治理的转变，尤其在行政治理上强调向规范化与技术化的转变。然而，在国家治理的实际运转中，我们仍然能够发现大量曾经在革命年代发挥重要作用的运动式治理方式。这种非常规的治理技术与常规治理取向相违背，它"能够不时打乱制度、秩序和专业化分际"。非常规治理可以集中各种所需的力量与资源在短时间内完成目标，但是它会带来一些问题，这在精准扶贫中也表现出来了。

在精准扶贫战略部署之前，地方扶贫工作主要是由扶贫办、财政等相关部门负责，地方政府负责统筹协调。但在中央确定"2020年所有贫困地区和贫困人口一道迈入全面小康社会"的扶贫政策目标后，压力层层传达。例如，某县向上级政府承诺完成"在2017年贫困村全部出列、2018年全部贫困户脱贫销号"的任务。为此，该县所有部门都被动员起来，共同参与完成精准扶贫任务。在调研中发现，除了扶贫办、发改委、财政局、民政局等与扶贫工作联系紧密的部门有扶贫任务，就连县公安局等看似与扶贫任务联系不密切的部门也需要完成一定的扶贫任务，有结对帮扶的贫困对象。按照政府职能专业分工的目标，公安局的本职工作应该是保卫国家安全与社会治安，从事刑事侦查、治安管理保卫等事项，但目前扶贫工作也成了该县公安局不容忽视的"中心工作"。县委、县政府成立了精准扶贫攻坚指挥部，在指挥部下又成立五个专班与六个工作组，该县的扶贫工作将整个科层体制都动员起来，形成"全员扶贫"的运动式治理机制。相对于科层制的常规运作形态，对中心任务的运作方式呈现出典型的"运动式治理"特点。

尽管这种非常规的治理技术能够集中资源推进精准扶贫任务的完

成，突破了科层制僵化、封闭的常规治理模式，但是这种运动式治理的方式容易脱离地方实际，产生敷衍政策实施的行为。同时，打破科层制的专业化分工容易造成职能部门及其工作人员等政策主体功能冲突，忽略地方官员及扶贫任务的专业性。

为了落实精准扶贫的政策，各职能部门和领导干部通过与贫困村和贫困户结对帮扶或驻村帮扶等方式进行帮扶。扶贫帮扶体系包括扶贫办、林业、农业、发改委、财政、教育等相关部门，甚至公安、交通、法制办等所有部门都被纳入其中，整个地方政府几乎从上到下所有干部都被纳入精准扶贫工作中。无论在正式的组织结构上遵循怎样的专业化分工，在精准扶贫任务中，每个行政机关及其组织成员都可能成为包保责任人，负有扶贫责任。所以，每位包保责任人不仅要做好自己的本职工作，还必须学习国家有关精准扶贫各项政策、了解包保贫困户的各项基本信息，帮助贫困户脱贫。尽管各个职能部门或领导干部能够利用行政资源来补充贫困县和贫困村的行政资源，并且在各地的实践中，许多帮扶单位与第一书记确实对帮扶对象的脱贫提供了多种创新路径，产生了较好的政策效果。但是，也不乏一部分单位与个人仅仅以完成政治任务为导向，并未对扶贫工作进行很好的规划。更为重要的是，由于包保责任人的双重角色，不仅要履行本岗位职责，还要完成脱贫任务，政策执行主体功能的冲突既可能影响其日常工作的顺利进行，也会使扶贫工作流于形式。毕竟扶贫工作是一项比较复杂的专业化工作，再加上"从改革开放以来我国减贫工作取得了较大进展，剩下的 5000 多万人是难啃的硬骨头"，深入到农村进行扶贫开发不仅是一个长期的过程，也需要专业化的组织和人员。专业化的正式组织结构在"运动式"扶贫背景下的实际运作，模糊了职能部门的专业分工。

四 政治要求与市场规律之间的矛盾及其改进

2015 年 11 月的中央扶贫工作会议提出要重视金融扶贫政策，习近平总书记在讲话中强调"要做好金融扶贫这篇文章,加快农村金融改革创新步伐"。紧接着,中共中央、国务院《关于打赢脱贫攻坚战的决定》中突出了金融扶贫政策的重要性,在"强化政策保障,健全脱贫攻坚支撑体系"中提出"加大金融扶贫力度……支持农村信用社、村镇银行等金融机构为贫困户提供免抵押、免担保的扶贫小额信贷,由财政按基础利率贴息"。扶贫小额信贷作为国务院扶贫办十大工程之一被提出。

通过对中央到地方各级党政机关和金融机构的政策文件梳理可以发现,纵向上的地方党政机关政策能够与中央党政机关的顶层设计保持一致性,除了结合本地实际情况制定了相对具体的扶贫措施之外,各层级在扶贫总体战略上大体一致。而金融机构关于金融扶贫的政策文件却出现了不一致的情况。实际上,无论是党政机关对金融扶贫政策的总体规划,还是金融机构对金融扶贫政策的具体规划,其出发点都是服务于精准扶贫战略,为扶贫工作提供有效的金融服务渠道和能力。小额信贷资金能够缓解如资金周转困难以及缺乏产业发展资金难以扩大再生产等问题,免担保和免抵押政策又能够为缺乏资本和资源的贫困户提供宽松的政策信贷环境,为其脱贫提供政策和资金扶持。而连带责任担保或抵押担保等措施能够保证信贷资金安全,保障金融扶贫工具的有效性。各部门政策分开进行考量,都具有积极的政策功能。

然而,由于金融扶贫政策之间无法形成合力,使政策的积极作用无法在政策实施过程中体现出来。在对金融机构的调研中发现,某村镇银行对有需求的建档立卡贫困户会予以评级授信,分为不同的等级和不同的贷款类型(农村妇女再就业、大学生创业贷款等)。对于征信记录不好者不予贷款,并且发放贷款最高只有两年期限。这显然与省委、省政府和县委、县政府的扶贫政策方案中"三年期限"相矛盾。同时"免担保"政策也并非无需担保,有贷款需求的贫困户首先需要到所在村(社区)申请贷款,但同时借款人需要找到担保人为其作担保,然后由乡镇及县扶贫部门审批复核,审批通过后,由担保人同县财政局下属某担保公司签订担保协议。最后交由合作银行受理、审批和发放贷款。尽管扶贫贷款的大部分风险都是由政府承担,并且在具体的金融扶持方案中对贷款对象、额度及贷款条件作了统一的规定,但是由于金融机构对金融精准扶贫方案缺乏统一的政策措施,各合作银行对于这种具有一定政策性的"政银合作"贷款缺乏统一的内部控制机制、授信授贷机制,其贷款年限和额度都不一致,给金融扶贫工作带来了困难。

在上述案例中,党政机关小额信贷扶贫政策——"三年期限、无担保、免抵押"与金融机构的金融扶持措施——"连带责任担保或抵押担保"之间的冲突,是政治要求与市场规律之间的矛盾表现。案例中反映出党政机关以实现精准脱贫为目标与金融机构以保障信贷安全为目标之间的冲突。尽管各级党政机关的金融扶贫政策方案中都强调风险补偿机制与评级授信等配套措施的落实,以保障信贷安全,但是在实际运行的过程中,金融机构依然要求借款贫困户提供抵押或担保。二者之间的矛盾为政策执行者带来许多困扰,同时也使政策效果有所削弱。[1]

---

[1] 孔凡义、况梦凡:《我国农村精准扶贫中的政策冲突:现实困境与实践逻辑》,《中国农村研究》2016年第2期。

第七章　精准扶贫政策第三方评估的问题和展望

第三方评估是公共部门绩效评估的一种模式，这种模式是对原有公共部门自我评估的一种超越和创新。传统的公共部门绩效评估是公共部门上下级之间或者部门之间的评估。但是，这种自我检查评估的有效性和客观性难以获得人们的认同，公平性也多遭到质疑。第三方评估强调独立于评估者、被评估者的评估，克服了传统自我评估的缺陷，从"自评"走向"他评"。因为，第三方评估中的"第三方"既不隶属于评估提出方，也不隶属于被评估方，所以它具有相对的独立性。"事实证明，引入第三方评估能够有效避免政府部门既当'运动员'又当'裁判员'的身份尴尬，能够有效地发现问题、找出原因并得出客观公正的结论，能够不断推进公共决策的科学化、民主化和法治化进程。因此，第三方评估模式完全契合当下治理主体多元化的时代要求，由政府以外的公民与社会组织共同参与政府绩效评估，对政府治理绩效给予详细而具体的量化打分，是政府绩效管理的重要创新。"① 长期以来，个别地方扶贫工作中造假问题突出，严重影响了精准扶贫效果。为此，有些地方进行了大胆改革，采取异地调查、本地配合的方式，避免了被评估单位"既当运动员又当裁判员"的弊端。一些第三方评估机构要求调查员两人一组直接入户访问调查，倾听基层群众的真实声音，最大程度地保证了调查的真实性与准确性。而且，第三方评估体系更加全面，能够全方位展示扶贫工作全貌，既为决策

---

① 陈潭：《第三方治理：理论范式与实践逻辑》，《政治学研究》2017年第1期。

者提供可靠依据,也使全社会能够客观了解扶贫工作全局,有利于形成扶贫合力。①

第一节 精准扶贫政策第三方评估的结构视角

一 评估服务购买者与评估者之间的关系

第三方评估是政府通过购买服务实现的。购买过程会直接影响到第三方评估的公信力。根据精准扶贫政策第三方评估购买服务的规定,各地方政府精准扶贫第三方评估服务购买者要根据有关法律法规和政策规定,在综合考虑第三方评估事项难易程度和工作量基础上,采取协商定价方式或者磋商的方式,与第三方评估机构充分沟通,合理确定相关事项评估工作经费。在协商定价或者磋商过程中,政府购买者要防止垄断、过度竞争等扰乱评估市场、影响评估质效的行为。政府购买者如认为必要,可以通过政府公共资源交易平台政府招标方式进行购买。但是,精准扶贫政策第三方评估服务购买与其他的公共服务购买存在相同的特征。即公共服务第三方评估服务市场是个小众市场,专业性强,资质要求高,所以能够承接公共服务第三方评估服务的机构和企业是很稀少的。尤其是,精准扶贫政策第三方评估具有很高的专业性,所以评估服务市场没有太强的竞争性。

市场主体还没有完全培育起来,正常情况下,政府购买精准扶贫政策第三方评估的公共服务,应通过公开招标采购方式确定服务供应方。而对于市场竞争不充分、经政府确定为市场孵化器的部分公共服务事项,可依法采用除公开招标外的其他采购方式购买,同时,政府相关部门应当采取有效手段,尽快培育市场,使之成为具备市场竞争

---

① 拓兆兵:《"第三方评估"提升脱贫攻坚精准度》,《经济日报》2016年12月16日第009版。

的、成熟的社会服务事业组织。

现实的情况是，第三方评估机构发展很不平衡，成熟、发达的评估机构具有很强的竞争力，而稚嫩、落后的评估机构没有什么生存能力。那么，政府在购买第三方评估的公共服务时，显然是不利于那些后发的第三方评估机构。按照公平竞争原则，政府向第三方评估机构购买公共服务的结果势必会形成第三方评估机构的垄断。

从习近平总书记2013年提出精准扶贫概念至今，精准扶贫的概念不断在深化扩展，政府也很难培育和孵化足够的第三方评估机构，精准扶贫政策第三方评估机构基本是由地方政府指定发展。因为担心精准扶贫政策的短期性和专业性，没有一定专业技术能力的社会组织和机构也不愿涉足精准扶贫政策第三方评估业务。地方政府在选择第三方评估机构时基本没有太大的余地，基本上是由现有的第三方评估机构轮流坐庄，从而形成了不充分的竞争市场。

政府通过购买服务的方式把传统由政府自己完成的绩效评估业务发包给第三方评估机构，政府发包方与第三方评估机构之间是甲方乙方的关系。政府发包方也就是传统的政府评估方，是政府绩效评估的需求方和提出方。甲方提供行政服务、资金、资料和标准，乙方负责执行完成甲方交付的评估任务。在甲乙双方之间，甲方仍然处于主导地位。一般情况下，甲方预付乙方一定的资金，在乙方任务完成经过甲方验收之后付给乙方剩余资金。甲方实际上对乙方有很大的影响力。在这种情况下，甲方如有需要完全有能力、有机会来干预或影响乙方的第三方评估工作。乙方为了顺利获得甲方的任务验收，为了在以后的购买服务中获得优势，它们也会配合完成甲方的要求。因此，只要甲方有干预意愿，它们完全有可能对第三方评估的结果施加影响。因此，第三方评估也不可能完全规避行政干预所带来的不公平性。

第三方评估改变了传统绩效评估的治理结构，把原来的双边关系变成多边关系。在绩效评估政策制定者和绩效评估接受者之间引入了评估实施者即第三方，它固然在一定程度上避免了双边关系中的内部交易，有利于绩效评估的公平。政府内部评估主体掌握着政府绩效的完整信息，可以充分利用对政府制度安排及运行规则相对熟悉的优势，制定出相对合理、具有实际操作性与可行性的评估标准，客观全面地评估政府绩效存在的问题，并提出有效解决问题的对策，实现评估主体提出的评估目标，但是它也带来效率问题。[①] 首先，评估第三方虽然是专业研究机构，但是它们不是实务部门，对精准扶贫工作实务虽然有所了解，但是对最新政策、具体措施等不一定有深入的了解。所以，在短期内也很难完全把握评估委托方的意图和要求。而评估委托方虽然对评估政策和措施了如指掌，但是他们又只能通过第三方来达成目标，从而就形成了决策—执行的分离。

二 评估对象与评估者之间的关系

在传统绩效评估模式中，评估对象直接面对上级评估政策决策者也即执行者。因为评估对象与评估政策决策者的亲疏远近有所差别，因此在评估过程中难以避免情感和交易的影响。第三方评估机构和评估决策者、评估对象没有直接隶属关系和利益关系，在一定程度上可以规避利益和权力对评估的负面干预。但是，第三方评估尤其是精准扶贫第三方评估也存在难以避免的困境。

第三方评估机构对评估对象有一定依赖性。精准扶贫政策第三方评估要求评估者入户调查，这需要评估者对当地的地形、风土人情、人际关系等有深入而全面的了解。但是，评估者面临着紧迫的时间要求（第三方评估一般都要求在很短的时间内完成），所以此时就需要评估对象提供便利的服务，诸如向导、就餐、交通工具甚至语言翻译等服务。即使第三方评估者主观上拒绝评估对象提供以上便利和服务，但是客观上又是很需要的。尤其是向导服务，如果没有评估对象的配合，第三方评估机构在合同期内完成评估任务几乎是不可能的。评估对象可以利用服务配合这个时机来对第三方评估机构施加影响。在许

[①] 徐嘉良：《政府评价论》，中国社会科学出版社2006年版。

多地方，评估对象往往以服务配合为名来试图参与进入评估过程，或对被评估者施加压力，或对评估机构进行感情投入，所有工作的终极目的不外乎希望评估结果能够对自己有所倾斜。

第三方评估通过改变原来的双边关系建立三边关系来确保评估的公正性，避免了传统绩效评估的"自拉自唱"。但是，评估对象仍然可以动用其他社会资源来对第三方评估机构施加影响。具体有以下几种方法：第一，动员第三方评估机构的主管单位来施加影响。譬如，如果第三方评估机构是高校，那么就可以动员高校的主管领导或者教育主管部门的领导来施加影响。如果第三方评估机构是审计事务所或者会计事务所，那么就可以动员财政部门来施加影响。第二，动员评估者的熟人资源来施加影响。譬如，评估对象可以寻找评估者的熟人关系来请求评估者提供方便。

在精准扶贫政策第三方评估中，评估结果对评估单位的领导班子和领导干部具有决定性意义。比如，"湖北已经明确把精准扶贫专项纳入地方党政领导班子政绩考评和省直部门履职尽责考核体系。同时采取第三方评估方式，分别对市州和贫困县进行考核，对差评县负责人还会进行约谈"[①]。精准扶贫作为当前地方政府的中心任务，评估结果直接决定了评估对象的工作业绩和晋升、处罚依据。评估对象即地方政府都会严阵以待，不惜一切代价谋求最理想的评估结果。所以，评估对象试图对第三方评估机构施加影响自然是题中应有之义。事实上，主管精准扶贫工作的大多是地方政府政法委书记、主管农业的副市长或副县长，这些地方实力派也确实有足够的资源来对第三方评估机构施加压力。

---

① 李伟：《湖北：引入第三方力量评估减贫脱贫成效》，中国政府网，2016年11月2日。

第二节　精准扶贫政策第三方评估的权力视角

从权力的角度来看，第三方评估取代传统绩效评估带来了三个方面的变化：一是评估决策权与评估执行权的分离；二是评估的多元参与；三是评估市场化。第三方评估不仅改变了传统绩效评估中的权力结构，也改变了原有的权力性质。

一　执行者抑或决策者

在传统绩效评估模式下，上级政府既是裁判员也是运动员，既掌握了评估决策权也掌握了评估执行权，评估缺乏有效的制衡，从而容易引发评估腐败或者不公正，评估缺乏公信力。在引入第三方评估后，原有的统一行使的评估权被拆分为评估决策权和评估执行权。上级政府只掌握评估决策权，它们通过政府购买服务的方式把评估执行权委托给第三方评估机构，从而实现了评估决策权与评估执行权的分离和制衡。通过权力分离和制衡固然在一定程度上可以限制腐败或者不公正，但是也会带来新的问题。

评估决策权与执行权的分离会带来效率低下问题。通过引入第三方，政府在掌握评估终极决策权的情况下把评估执行权委托给第三方评估机构。第三方评估机构具有相对的独立性，所以它可以在一定程度上消减传统绩效评估者的权力，并且对评估决策权形成一定程度的限制和制衡。但是，在第三方评估机构掌握决策执行权之后，评估决策权的行使都必须通过第三方评估机构才能完成。传统评估权行使即评估者——评估对象的关系过程变化为评估决策者——评估执行者——评估对象的关系过程。评估过程环节增加，评估协调事务大大增加。

在传统绩效评估模式下，评估决策和评估执行都是由相同的政府主体完成的。在第三方评估模式下,评估权被拆分,吸纳第三方评估机构参与进来。原来可以由政府几个人完成的任务现在需要增加一个第三方评估机构来完成。为了保证和激励第三方评估机构完成评估任务,评估决策者即评估委托方需要支付给第三方评估机构足够的评估经费。与传统绩效评估模式相比,第三方评估的成本大大增加了。

评估决策权与执行权的分离会带来目标替代问题。在传统绩效评估模式下,评估决策权和评估执行权统一于政府主管机构,二者之间不存在协调和冲突问题。但是,在第三方评估模式下,政府只保留了评估决策权,评估执行权委托给了第三方评估机构(一般是事业单位、公司或者社会组织)。评估决策者一方面要第三方评估机构遵照自己的评估体系和流程高质高效地完成评估任务,另一方面又要第三方评估机构保持一定的独立性保证评估结果的客观公正。也即,一方面评估决策者要控制评估执行者按照既定目标进行评估,另一方面又要给予评估执行者一定的独立性,这样就形成了权力矛盾。在控制和自主之间如何抉择,让评估决策者和评估执行者都处于两难境地。

在第三方评估具体操作过程中,评估过程会出现诸多突发或者超出预期的情况,在这些情况下评估决策者是否干预、干预多少等都会直接影响到评估的效率和公正。譬如,有的地方遭遇了洪涝灾害,那么评估过程中是否考虑这一特殊情况,是否要请示评估决策者,会直接对评估结果产生影响。在评估过程中,评估执行者享有一定自主权,比如如何抽签、评估对象的时间排序、评估过程的具体方案设定,等等,这些都会对评估结果产生或多或少的影响。所以,第三方评估面临着控制和自主的矛盾,如何既保证第三方评估机构不偏离评估标准和目标,又保证第三方评估机构独立完成评估任务,这是一个新的挑战。

二 评估的多元参与

传统的绩效评估模式是政府内部的自我评估。第三方评估模式下,第三方评估机构也参与到政府绩效评估中来，引入了社会力量，形成了多元治理的治理形态。在第三方评估模式下，政府绩效评估不再是政府内部的机构运作，社会力量也参与到治理过程，社会不再是政府治理的旁观者和被动的接受者，而是政府治理的直接执行者。所以，传统绩效评估是政府的自我评估，第三方评估则是多元参与的评估。

从国家与社会关系的角度看，第三方评估模式下第三方评估机构作为社会力量参与到政府绩效评估中来，形成政府、社会共同评估政府绩效的模式，改变了原有的国家与社会关系。在传统政府绩效评估模式中，政府是政策绩效评估的垄断者，掌握了绩效评估的所有评估权力。在第三方评估模式下，原有的评估权被作为社会力量的第三方评估机构所分享。所以，第三方评估不再是政府的内部运作，而是社会对政府运作的参与和监视。它突破了原有的国家与社会的二元分野，打破了国家与社会的原始界限，形成了国家与社会之间的活动。第三方评估与传统政府绩效评估模式相比，有更强的民主性和合法性。①

评估的多元参与也改变了传统政府绩效评估的力量平衡。在传统政府绩效评估模式下，评估者往往是政府机构中的上级部门或者业务主管部门，评估者与被评估者有比较明显的强弱格局。在第三方评估模式下，评估者既包括上级部门或业务主管部门，也包括直接决定评估过程和结果的第三方评估机构。但是，第三方评估机构要么是事业单位序列要么是公司或者社会组织序列，与被评估者即地方政府相比，也很难说有强势地位，甚至在实际上就处于弱势地位。如果地方政府动员资源对第三方评估机构施压的情况下，第三方评估机构也难独善其身，保持自身的评估独立性和公正性。

三 评估市场化

第三方评估改变了传统政府绩效评估的运作方式。传统政府绩效

---

① 孔凡义、姜卫平、潘诗钰：《社会组织去行政化：起源、内容和困境》，《武汉科技大学学报》（社会科学版）2014年第5期。

评估是政府内部机构的自我评估，它们是通过行政方式实现的。① 第三方评估是政府通过购买公共服务实现的，带有强烈的市场化色彩。无论第三方评估机构是社会组织、事业单位抑或是企业法人，它们通过参与竞标或者磋商从而具有一定的盈利目的。所以，第三方评估不再是单纯的行政行为，而是行政市场化行为。

在目前第三方评估的运作模式中，第三方评估机构是通过竞标或者磋商从而与政府签订合同参与到评估中去的。第三方评估机构与评估决策者的关系是通过评估合同确定的。评估合同确定了评估决策者与第三方评估机构即评估执行者之间是"委托—代理"关系。这时，第三方已经不再是独立的了，而是通过合同与委托方捆绑在一起，在很大程度上与委托方成为了利益共同体。② 在这一过程中，委托方成为评估服务的"买家"，而第三方实际是评估服务的"卖家"。③ 虽然合同是甲乙双方经过平等协商订立的，但实际上乙方处于弱势地位。评估委托方可以根据自己的意愿来选择第三方。因此，乙方为了获得合同缔约权、完成工作任务，自然容易妥协让步，在评估报告中更多地体现甲方意志和利益。从评估行政化到评估市场化，第三方评估一定程度上规避了政府评估因为行政行为带来的腐败和不公平等政府失灵问题，但是也在一定程度上带来了评估的利益最大化淹没评估公正和科学的原初目标设定，也可能引发新形式的评估不公平问题。

第三方评估机构作为评估合同的承包方，带有很强的利益驱动性。委托方投入的资金大小、时间周期对第三方评估的质量和公正性都会产生重要影响。第三方评估机构在"利润最大化"原则驱动下，会根据委托方的投入资金、时间周期来进行利益计算，从而决定第三方评估的样本量、地域范围、调查队伍、评估内容、评估手段、评估过程、

---

① 陈潭：《第三方治理：理论范式与实践逻辑》，《政治学研究》2017年第1期。
② 莫光辉、张菁：《精准扶贫第三方评估长效机制建构策略：2020年后中国减贫与发展前瞻探索系列研究之一》，《苏州大学学报》（哲学社会科学版）2018年第6期。
③ 曹峰、王巧：《走出第三方评估的困境》，《学习时报》2016年8月25日。

评估费用。对于第三方评估机构而言，完成评估任务获得合同约定的经费是最大目的。所以，第三方评估机构不可能无限投入评估经费和人力物力，也不可能超越时间周期进行长期的驻村评估。在很多情况下，第三方评估机构会谋求在最短期限内以最小成本完成评估任务。因此，第三方评估不可能为了追求公正和科学而完全放弃利益考量，这也是容易遭到质疑的方面。

在传统政府绩效评估模式下，政府上级部门或业务主管部门进行的评估是行政行为，受到政府法律法规的规范和约束，并承担着长期责任。第三方评估机构参与政府绩效评估是通过政府购买服务实现的，第三方评估机构的责任和权力都是由评估合同来规范的。与长期的行政关系不同，第三方评估机构与评估委托方之间是经济关系，是"一锤子买卖"。在评估合同签订之前和合同失效之后，第三方评估机构就丧失了"第三方"的性质和地位，因此评估委托方即评估决策者对第三方评估机构的约束只存在于合同期限之内，在合同失效之后评估委托方没有权利也没有手段来对第三方评估机构进行约束。即使是在合同期限之内，一旦第三方评估机构在评估过程中存在失职或者腐败行为，评估委托方除了依据合同对第三方评估机构进行限制外，也没有其他有效的方式方法来对第三方评估机构进行惩处。当前，第三方评估方兴未艾，但是用以规范第三方评估机构过程，明晰评估委托方、评估承包方和被评估单位权责利的相关法律制度仍然处于空缺状态，事实上对第三方评估的评估仍然缺位，这在一定程度上使得第三方评估机构处于法律制度的边缘地带，缺乏应有的监管和规范。

在第三方评估模式下，评估市场化还会引发多次代理问题。在一些大规模的第三方评估例如精准扶贫政策第三方评估中，评估任务繁重、评估对象地域范围广使得一个第三方评估机构难以完成评估工作。在这种情况下，第三方评估机构在获得评估代理权之后，往往会把评估工作转包给另外的第四方评估机构，从而形成多次代理问题。多次代理产生，只有获得转包的第四方评估机构会向获得代理权的第三方评估机构负责，评估委托方无法通过项目合同来约束和规范第四方评估机构的评估过程和行为，从而无法避免第四方评估机构偏离委托方的目标设定，当然也很难保证第四方评估机构评估的公正和科学。更重要的是，当第四方评估机构的评估偏离应有轨道时，评估委托方无法对其行为进行纠正和惩罚。

第三节 精准扶贫政策第三方评估的过程视角

在传统政府绩效评估模式中，上级政府部门或者业务主管部门包揽了评估决策、评估执行、评估应用等整个评估过程。在第三方评估模式中，第三方评估机构参与评估过程，对评估过程和流程进行了改造。原来由上级政府部门或者业务主管部门承担的评估执行工作改由第三方评估机构承担。这一改变也对评估决策和评估应用产生了影响，随之产生的就是整个评估流程的再造。

一 评估决策阶段

在评估决策阶段，评估者需要确定绩效评估的基本目标、基本原则、标准体系、评估流程、评估实施方案。在传统绩效评估模式下，上级政府部门或者业务主管部门毫无疑问是评估决策者，他们会根据上级要求或者政府治理的需要对上述问题作出决定。在第三方评估模式下，评估决策有了不同的方式：一是全参与模式，第三方评估机构与评估委托方协商决定评估的基本目标、基本原则、标准体系、评估流程和实施方案等。评估委托方提出基本思路，第三方评估机构负责具体细化，把思路转化为可以操作的实施方案。二是半参与模式，第三方评估机构只参与评估决策的某一个内容或者几个内容，不参与所有的决策过程。在这种模式下，第三方评估机构往往负责评估具体实施方案部分，其他内容则由评估委托方决定。三是不参与模式，评估委托方全权决定评估的基本目标、基本原则、标准体系、评估流程和实施方案等,第三方评估机构只是个决策的执行机构,不对评估决策产生任何影响。

第三方评估决策阶段的后面两种模式与传统政府绩效评估决策有较大的区别,即由原来的一方决策变为现在的双方决策。由于第三方评估的参与,使得第三方评估决策相对于传统的政府绩效评估单方决策具有更高的民主性和合法性。而且,由于第三方评估机构的参与,第三方评估决策可以在一定程度上降低评估决策的外部风险,也在一定程度上可以促进评估决策的科学性。当然,因为第三方评估机构的参与,评估决策者人数增加了,第三方评估决策的成本也相应地增加了。

第三方评估机构参与评估决策,有利于评估决策把评估的政治性与评估的科学性有效地结合起来。对于评估委托方而言,他们重点考虑的是评估的政治性,要通过评估了解政策绩效的质量和数量,发现政策实施中存在的问题,有效地动员地方政府贯彻中央和上级政府部门的意志。对于第三方评估机构而言,他们会考虑绩效评估的指标体系合理性,评估方法和流程的科学性,评估实施方案的可操作性。当然,评估的政治性和科学性是存在冲突的,但又是相辅相成的。第三方评估机构的参与至少在一定程度上改变了传统政府绩效评估只讲政治性而忽略甚至牺牲评估科学性的倾向。

二 评估执行阶段

在第三方评估模式下,第三方评估机构通过竞标或磋商获得评估执行权,从而实现了评估决策与评估执行的分离。在传统政府绩效评估模式下,评估决策与评估执行二权合一,所以评估决策与评估执行协调成本较低,也不会出现矛盾和冲突。但是,在评估决策与评估执行分离之后,评估执行机构获得了相对独立的评估执行权,评估决策与评估执行之间的间隙也就很难完全避免。

评估执行对评估决策的偏移。在第三方评估过程中，评估决策与评估执行之间的协调一般是通过培训来实现的。通过培训，评估决策者告知第三方评估机构的评估目的、流程、内容等。在具体评估过程中，评估决策方也会对评估执行工作进行指导。但是，在评估决策与评估执行权力分离的情况下，评估决策与评估执行的协调难度相对变大。在评估过程中，因为评估决策方不直接参与评估活动，所以在评估过程中评估执行方大多会依据评估培训的内容结合自身的理解来进行，这使得评估过程或多或少会与评估决策方的目标出现一定的偏差。

三　评估反馈阶段

在传统政府绩效评估模式下，上级政府或业务主管部门既要参与评估决策也要参与评估执行。在第三方评估模式下，上级政府或业务主管部门则只管决策不参与评估具体过程。第三方评估机构负责具体评估过程，完成评估委托方规定的工作任务。一般而言，在利益最大化考量下，第三方评估机构只会完成合同内的工作，对于超出合同外的如评估反馈问题尤其是如何进一步改革完善评估标准、程序和样本，第三方评估机构一般不愿意反馈，或者即使反馈也是延迟反馈。但是，在传统政府绩效评估模式下，因为上级政府或业务主管部门直接参与评估执行过程，所以在评估执行中遇到的所有问题这些部门都可以获得直接的反馈，并且及时修正和完善。

从人员性质角度来看，第三方评估机构要么是高校研究机构或者是公司，它们又聘请在校学生或者一些工作人员完成第三方评估工作。这些人员与原来政府绩效评估的政府工作人员相比，工作专业素质还是有一定的差距。更重要的是，第三方评估工作对他们而言不是专职性工作，而是业余工作。他们没有足够的专业素养或者工作时间来思考评估工作的改进方法，也没有职业动力来投入此项工作。

从评估过程的角度来看，在传统政府绩效评估模式下，评估决策、评估执行和评估反馈是个连续的过程，不存在评估阶段之间的脱节问题；在第三方评估模式下，评估决策、评估执行和评估反馈是三个分类的阶段，不是完全整体性的流程。在传统政府绩效评估模式下，评估决策、评估执行和评估反馈的参与者是相同的部门或群体，并且是职业群体，他们更能保证整个评估过程的整体性、协同性和连续性；在第三方评估模式下，评估决策、评估执行和评估反馈分别由不同性质的群体来完成，不仅评估的协调成本会增加，事实上也不太利于评估政策的修正和调整。

第四节 精准扶贫政策第三方评估的改革和完善

李克强总理说，第三方评估是本届政府创新管理方式的重要措施，通过加强外部监督，更好推动国务院各项政策措施落实。[①] 从传统政府内部绩效评估到第三方评估，是我国政府治理的重大创新。通过第三方评估，政府可以借助于外部专业性监督，在公正客观独立的基础上，可以克服政府唱赞美诗式自我评估的弊端，是戳政府部门的"蹩脚"，揭政府部门的"痛处"，挤政府部门功劳簿的"水分"。第三方评估是以"局外人"独立"观察员"身份深入政府运作过程，能识别"庐山真面目"，从而增加政府评估的公信力和独立性。第三方评估从第三方的视角观察到公共政策运作过程和效果。它对于政府工作来说，既可以客观掌握公共政策的效果，提供政策改革和完善的参照，也可以通过挖掘社会资源对政府政策进行监督，同时第三方评估也是推动政府政策执行的抓手，是以往政府内容自我监督和评估无法代替的。

一 第三方评估的发展困境

信任困境。第三方评估的出现是政府失灵的结果。长期以来，公

---

① 王念兹：《李克强：决不能让第三方评估报告"束之高阁"》，中国政府网，2015年8月26日。

共政策绩效评估都是由政府自己实施的，是政府内部的自我评估。但是，政府也无法逃脱"经济人"假设，在评估过程中自我标榜、自我掩饰、数据造假、形式主义层出不穷，公共政策的政府内部自评丧失了公信力，变成了无人关注的政府独角戏。第三方评估正是政府内部自评公信力丧失之后，政府自我革命以弥补政府失灵导致的政策失准。

但是，第三方评估是由第三方评估机构作出的，它的公信力也存在挑战。尽管人们对于体制内组织的信任高于体制外组织，但是总体上，人们普遍缺乏对于社会组织的信任，尤其是对于体制外组织的信任程度更低一些。在当前，尽管组织类型已经多样化，但是人们对于社会组织信任的倾向性，可以划分为四大类别：体制内企业组织信任、体制外企业组织信任、体制内教育组织信任和政府性组织信任。其中，人们对于体制内教育组织的信任程度最高，其他依次是政府性组织、体制内企业组织、体制外企业组织。[①]

第三方评估从2014年提出至今仍然处于摸着石头过河的探索阶段。即便是当前，第三方评估还是由政府文件来推动和规范。但是，政府文件法律效力低，规范粗放，难以满足第三方评估蓬勃发展的需要。为了提高第三方评估的公信力和权威性，有必要对第三方评估进行立法，明确第三方评估的法律地位，赋予第三方评估以法律权威。通过立法来保证第三方评估机构的合法地位和权威属性，对第三方评估的评估权进行法律保护，为第三方评估独立、科学、客观地开展工作提供法律保障，形成第三方评估可持续发展的长效机制。

财政困境。正如前所述，第三方评估的兴起是政府自我革命的结果，它与政府改革息息相关。政府通过购买服务的方式把公共政策评估执行权让渡给第三方评估机构，是政府向社会让权的方式，也是政府向社会让利的方式。第三方评估机构的生存和发展是以政府公共政策评估需求为导向的，没有政府公共政策服务需求，就没有第三方评

---

① 张云武：《社会资本与组织信任的实证研究》，《中共浙江省委党校学报》2013年第4期。

估市场，也就没有第三方评估的发展。

第三方评估市场不是也不可能是完全市场化的市场。它的财政来源对政府的评估项目拨款有很强的依赖。第三方评估机构在经济市场很难有需求。而且，与经济评估市场不同，公共政策第三方评估市场是专业化很强的小众市场，市场容纳能力很有限。再则，政策评估受到政府政策影响很大，一旦政府政策终结，相应的政策第三方评估就面临生存危机。所以，当前的第三方评估机构以兼职型为多，且很少见到专职型第三方评估机构。

二 第三方评估的监管

第三方评估市场是个小规模的专业化市场，专业技术要求高，市场份额比较低，这也给第三方评估机构的监管带来了难题。目前，我国对第三方评估机构的监管主要通过以下三种方式开展。

第一，委托监管。当前，许多第三方评估机构是附属于事业单位如高等学校内设的研究机构。它们所附属的事业单位对第三方评估机构享有直接管理权，如财务审核、机构监管、人员管理等权力。第三方评估机构是这些事业单位的附属机构，没有独立的人事权、财务权、行政权，也不享有独立的法人地位。但是，第三方评估机构与它们所附属的事业单位之间是利益共同体。第三方评估机构所承担的评估项目经费金额是学校评价的重要指标之一，对于提高学校提升排名具有重要意义。所以，虽然学校对第三方评估机构具有监管权，但是事实上它们又存在利益共享，监管效能自然打折。另外，高等学校对第三方评估机构的监管只是行政监管，它无法对第三方评估的业务进行具体的监管。

第二，合同监管。合同监管是第三方评估委托方对第三方评估机构承接的评估项目监管。第三方评估委托方可以依据项目合同对第三方评估机构的项目履行情况进行监督、规范和纠正。第三方评估委托方在项目实施过程中可以对第三方评估机构的工作流程、工作内容和工作标准等进行指导。合同监管是通过项目监管来实现的，所以它是一次性监管。与委托监管相反，合同监管是第三方评估委托方的专业业务监管，它们无法对第三方评估机构进行行政监管。

第三，政府监管。当前，政府对第三方评估机构的监管基本上是空缺的。政府没有设立第三方评估机构的专责部门。第三方评估机构也没有明确的权责利地位。政府对第三方评估机构的监管是通过它们对第三方评估机构所附属的事业单位监管实现的。[①] 所以，当前政府对第三方评估机构的监管是一种间接监管。第三方评估机构违法违规问题都是在政府日常监管它们所附属的事业单位中牵连出来的。

尽管委托方对第三方评估机构的运转和服务可以进行一定程度的监督。但是因为人员、时间、经费等有限，评估环节很容易被弱化。实地考察虽然被列入到评估规范中，在实际操作中很难进行。评估方案过于理想化，在评估执行中很难得到完全的贯彻。在项目申请阶段，委托方筛选近乎一半的申报组织，筛选力度较大。而在项目周期内，虽然对于第三方评估机构的工作任务有着详细的规范，但是只要第三方评估机构按时提交规定的材料，完成合同规定的动作，审核结果就不会有问题。第三方评估机构对于资料有着明确的规定。在实际评估过程中第三方评估机构的监管主要以硬性指标为依据，要求提供规定的台账、财务账单等。这种"唯资料论"往往使第三方评估机构为了满足评估要求标准而难以集中精力于项目的实际效果。

为强化对第三方评估的监管，保证第三方评估机构独立、公正地开展工作，防止第三方评估偏离客观公平的轨道，需要做好以下几方面的工作：

第一，要加强第三方评估机构的前置管理，对第三方评估机构的资质、准入标准进行审批，开展对第三方评估机构的申报审批和动态考核。建立相关法律制度，明确第三方评估主体资格、审核和确认的

[①] 徐家良、彭雷：《通过社会组织评估提高社会组织能力和公信力》，《中国社会组织》2019年第1期。

要求和标准。① 第三方评估市场准入条件包括市场主体资格的实体条件和取得主体资格的程序条件。在国家通过相关法律法规之后，政府依法规定市场主体资格的条件及取得的程序，并通过审批和登记程序执行。国家制定第三方评估机构的最低标准，在一定期限内对第三方评估资质进行评估和考核，建立第三方评估的分级管理机制。

第二，规范第三方评估流程，对第三方评估的范围、内容、形式、方法以及步骤要有详细的规定，建立评估机构内容的监督监控机制，确保评估结果客观、准确。地方政府要尽快制定和出台相关的法律、规章或指导性文件，给予确立第三方评估的法律地位，明确各级政府制定的重大改革方案和重大政策措施在出台前要委托第三方进行评估，对政策实施进行跟踪评估；要规范评估主体、客体的权力与责任，对评估的原则、评估类型、评估程序、评估结果的使用和公开及评估机构、人员组成、经费使用等作出明确规定，从法律上保证第三方评估的地位，推动评估工作走上独立、规范和法制化的道路。②

第三，充分发挥第三方评估机构行业共同体的作用，加强第三方评估的自我监督和自律。鼓励第三方评估机构行业共同体内的互相监督，鼓励第三方评估机构就违法违规问题进行举报。鼓励成立第三方评估行业协会，通过协会的规范运作对第三方评估机构进行日常监督，通过行业协会对第三方评估机构进行规范指导。③

第四，建立第三方评估失信退出制度，着力通过惩戒机制来规范第三方评估机构。2008年《最高人民法院关于适用〈中华人民共和国民事诉讼法〉执行程序若干问题的解释》对公布失信被执行人名单制度作了进一步的细化。2009年最高人民法院建立了全国法院被执行人信息查询平台。2010年最高人民法院与其他18个中央部门联合会签了《关于建立和完善执行联动机制若干问题的意见》。2011年中共中

---

① 袁莉：《着力完善全面深化改革第三方评估制度》，《湖北日报》2018年8月26日。
② 李志军：《第三方评估理论与方法》，中国发展出版社2016年版，第24页。
③ 袁莉：《着力完善全面深化改革第三方评估制度》，《湖北日报》2018年8月26日。

央、国务院《关于加强和创新社会管理的意见》提出了建立健全社会诚信制度并制定社会信用管理法律法规的要求。2013年最高人民法院发布的《关于公布失信被执行人名单信息的若干规定》正式施行，由此标志着执行威慑机制上升为全国性的、具有操作性的制度规范。① 为了加强对第三方评估机构的监管，可以建立第三方评估机构失信退出机制。对第三方评估机构进行评比表彰，对第三方评估机构的失信行为进行定级，根据它们的失信程度进行惩戒。

三　第三方评估的发展路径

从李克强总理第一次提出第三方评估概念至今，第三方评估在政府决策中扮演着越来越重要的角色。但是，第三方评估作为政府创新的一种模式，仍然处于初步发展阶段，阻碍第三方评估的观念性、制度性障碍还普遍存在。一些地方政府部门负责人对第三方评估还存在不理解、不信任、不重视的问题。第三方评估机构也存在公信力低、不规范、不透明的问题。为此，我们应该采取强有力的措施，促进第三方评估事业的发展壮大。

第一，制度保障。

建立第三方评估决策制度，把第三方评估作为政府重大决策的重要依据，使第三方评估成为政策决策的前置程序。要求地方政府决策要以第三方评估结果作为决策依据，在重大决策前需要第三方评估机构对公共政策进行独立评估。在公共政策执行后，要以第三方评估作为公共政策绩效评价和政策修正的重要依据。建立政府部门与第三方评估机构的联系沟通机制，积极引导和鼓励第三方评估机构参与公共政策的决策咨询服务工作，促进地方政府与第三方评估机构与地方政府部门的协商合作。

建立和完善政府信息公开与配合制度，着力解决第三方评估信息不对称等障碍。建立与第三方评估配套的公共部门信息公开保障机制，

---

① 王杏飞：《失信被执行人名单制度的完善》，《人民法院报》2016年7月27日。

确保第三方评估机构可以获得有效、及时公开的政府信息。① 建立与第三方评估相配套的决策公开机制和制度，涉及人民群众切身利益的改革方案、改革标准、改革措施、改革项目，需要向社会公众公示公开，听取社会公众的意见。② 建立政府与第三方评估机构的信息共享机制。地方政府在决策前要向第三方评估机构提供相关的决策依据、决策方案，广泛听取第三方评估机构的意见建议和批评。政府应该出台行政决策第三方评估的规章制度，明确有关部门配合第三方评估的程序、责任和义务，建立与第三方评估相配套的政府职责制度。

完善第三方评估结果利用制度，深入挖掘第三方评估的社会价值和学术价值，确保第三方评估结果的公信力。地方政府要制定科学合理的激励制度出台相应的奖惩措施，在人事管理和部门管理中切实运用第三方评估结果，对评估获得优秀的政府部门兑现奖励，坚决反对第三方评估改革的消极懈怠行为。建立健全第三方评估结果反馈机制，把评估结果及时反馈给被评估机构和社会群众，让结果反馈机制成为提高第三方评估绩效的抓手。不断加快建立健全第三方评估结果综合利用机制，形成评估结果利用氛围，扩大评估结果运用范围。各地方政府制定激励政策要与评估结果挂钩，提倡把第三方评估结果作为第三方评估机构承接政府转移职能、接受政府购买服务、享受税收优惠、参与协商民主、优化年检程序、参加表彰奖励的参考条件，鼓励把评估结果作为公共政策体系建设的重要内容。③ 地方政府要及时通过第三方评估交易平台或者各政府部门汇总第三方评估信息，在相关网站及时公布社会组织评估机构、评估方案、评估标准、评估程序和评估结果，不断提高评估工作透明度。另外，第三方评估机构要自觉将单位名称、组织机构、章程、业务范围、处所、负责人、联络方式及时向

---

① 袁莉：《着力完善全面深化改革第三方评估制度》，《湖北日报》2018年8月26日。
② 袁莉：《着力完善全面深化改革第三方评估制度》，《湖北日报》2018年8月26日。
③ 徐家良、彭雷：《通过社会组织评估提高社会组织能力和公信力》，《中国社会组织》2019年第1期。

社会公开，公开接受委托方、评估对象和社会公众对评估工作的咨询、建议和监督，积极回应社会关切。

第二，人才保障。

加大力度培育能够独立承担民事责任，专业评估队伍相对稳定，管理制度规范健全，社会信誉良好的第三方评估机构。为此，地方政府要充分挖掘现有制度政策资源，大力扶植民办非企业单位或其他社会组织和事业单位等形式多样的第三方专业评估机构。探索建立第三方评估机构人才激励政策措施，鼓励第三方评估机构建立灵活机动、稳定高素质的人才队伍，建立高效的人才聘用机制和薪酬体系。

鼓励各事业单位积极组建第三方评估机构，加大各事业单位发展第三方评估机构的制度激励和政策激励。建立机动灵活的人事聘用制度，鼓励各事业单位尤其是高等院校工作人员兼职投入第三方评估工作。第三方评估机构应该自觉提高服务意识和评估能力，提高第三方评估机构工作人员的社会地位和公信力。

第三，市场保障。

第三方评估机构应加强自身建设，严格依照评估标准和程序，按照合同要求认真做好第三方评估工作，帮助地方政府提高公共决策的能力。鼓励第三方机构之间的监督，加强对第三方评估机构的合同监管和委托监管，对第三方评估机构的合同履行进行过程监督。第三方评估机构要按照合同约定客观公正开展评估工作，严禁第三方评估机构利用评估谋取不正当利益。第三方评估机构有责任教育引导评估人员严格遵守评估工作纪律，严禁第三方评估机构弄虚作假、徇私舞弊，自觉接受评估对象和社会的监督。鼓励评估委托方和评估机构所附属的事业单位积极探索建立第三方评估机构奖惩机制，不断提高第三方评估的自身能力，提高第三方评估机构的公信力。

建立公平、公开的政府购买服务市场。加强对政府购买第三方评估服务的监管，促进第三方评估机构之间的良性竞争。地方政府要建立公开公平公正的第三方评估竞争市场，要把第三方评估的项目、内容、周期、评审流程、资质要求等向社会公开,可以通过竞标、磋商等竞争性方式,择优选定第三方评估机构。要对第三方评估机构的工作内容、工作期限、权利义务、评估验收、合同兑现等进行比较详细的规范。① 地方政府要加强对政府购买第三方评估的监管,坚决惩处购买服务过程中的腐败或不正当竞争行为。第三方评估委托部门要依据评估项目和要求,定期检查第三方评估过程的相关资料记录,调查了解第三方评估结果的社会认可度,确保评估流程规范有序,评估过程客观公正。

四 资金保障

地方政府要开源节流,不断开拓第三方评估经费的资金来源渠道,建立多元化的资金筹措机制。地方财政部门、评估委托机构要加强对第三方评估的资金支持,出台第三方评估项目目录,建立第三方评估孵化政策,探索把第三方评估经费纳入政府年度管理经费,探索地方政府第三方评估经费专项拨款制度和奖励机制,建立各部门第三方评估资金保障机制。

探索建立第三方评估专项经费制度。地方政府摸底调查各部门第三方评估需求,做好第三方评估经费预算和决算,保障第三方评估经费能够及时调拨。建立高速高效高质的第三方评估经费管理制度,做好评估经费事前事中事后监管,既要及时拨付又要及时监管,做好第三方评估经费的"放管服"改革,提高第三方评估经费的使用效率。

第三方评估机构不得向评估对象收取费用。第三方评估委托方和第三方评估机构所附属的事业单位要加强评估资金的规范、监督、评估、管理,提高评估资金的使用效益和合规性,保证第三方评估服务的数量、质量和效果。第三方评估资金的使用情况、使用方式、使用过程应定期向社会公布,接受评估委托方、社会和被评估者的监督。②

---

① 袁莉:《全面深化改革第三方评估的制度构建研究》,《江汉论坛》2016年第6期。
② 林鸿潮:《第三方评估政府法治绩效的优势、难点与实现途径——以对社会矛盾化解和行政纠纷解决的评估为例》,《中国政法大学学报》2014年第4期。

参考文献

一　中文

［美］艾尔·巴比：《社会研究方法》，华夏出版社 2009 年第 11 版。

［美］彼得·罗希等：《评估：方法与技术》，邱泽奇等译，重庆大学出版社 2007 年版。

陈吉元、陈家骥、杨勋：《中国农村社会经济变迁（1949—1989）》，山西经济出版社 1993 年版。

陈潭：《第三方治理：理论范式与实践逻辑》，《政治学研究》2017 年第 1 期。

陈卫、刘金菊：《社会研究方法概论》，清华大学出版社 2015 年版。

陈振明：《公共政策分析》，中国人民大学出版社 2003 年版。

程燕林：《如何保证第三方评估的独立性》，《中国科技论坛》2017 年第 7 期。

崔月琴、龚小碟：《支持性评估与社会组织治理转型——基于第三方评估机构的实践分析》，《国家行政学院学报》2017 年第 4 期。

段红梅：《我国政府绩效第三方评估的研究》，《河南师范大学学报》(哲学社会科学版) 2009 年第 36 卷第 6 期。

[美] 傅高义:《邓小平时代》,冯克利译,生活·读书·新知三联书店 2013 年版。

高建华:《影响公共政策有效执行之政策目标群体因素分析》,《学术论坛》2007 年第 6 期。

国家计委政策研究室:《七五计划注释 200 题》,经济日报出版社 1986 年版。

国务院扶贫办关于印发《扶贫开发建档立卡工作方案》的通知,2014 年 4 月 2 日,国开办发 [2014] 24 号。

何炜:《第三方评估视野下的行政执行"中梗阻"治理研究》,《西南交通大学学报》(社会科学版) 2015 年第 16 卷第 6 期。

湖北省人民政府扶贫开发办公室、湖北省扶贫攻坚领导小组办公室编:《精准扶贫精准脱贫干部读本》(内部图书)。

黄承伟:《中国扶贫行动》,五洲传播出版社 2015 年版。

[美] 卡尔·帕顿等:《公共政策分析和规划的初步方法》,孙兰芝等译,华夏出版社 2002 年版。

黎民:《公共管理学》,高等教育出版社 2011 年第 2 版。

李卫东:《政府购买公共服务引入第三方评估机制的分析》,《经济研究导刊》2014 年第 13 期。

李志军:《第三方评估理论与方法》,中国发展出版社 2016 年版。

梁璞璞、覃丽芳:《第三方评估在重塑慈善组织公信力中的作用研究》,《法制与社会》2017 年第 21 期。

林鸿潮:《第三方评估政府法治绩效的优势、难点与实现途径——以对社会矛盾化解和行政纠纷解决的评估为例》,《中国政法大学学报》2014 年第 4 期。

毛劲歌、庞观清:《公共政策过程中政策主体的伦理建设途径研究》,《中国行政管理》2015 年第 7 期。

孟惠南:《第三方评估在我国政府绩效评估中的应用》,《领导科学》2012年第23期。

农业部农村经济研究中心当代农业史研究室：《中国农业大波折的教训》，中国农业出版社1996年版。

彭干梓、吴金明：《中华人民共和国农业发展史》，湖南人民出版社1998年版。

孙发锋：《第三方评估：我国慈善组织公信力建设的必然要求》，《行政论坛》2014年第21卷第4期。

谭运嘉、林艳：《我国可行性研究的引入与发展》，《技术经济与管理研究》2009年第2期。

汪磊、伍国勇：《精准扶贫视域下我国农村地区贫困人口识别机制研究》，《农村经济》2016年第7期。

汪三贵、李文：《中国农村贫困问题研究》，中国财政经济出版社2005年版。

汪三贵、刘未：《"六个精准"是精准扶贫的本质要求——习近平精准扶贫系列论述探析》，《毛泽东邓小平理论研究》2016年第1期。

王国华、陈敬贤、梁樑：《基于协商均衡的第三方评估机制研究》，《现代管理科学》2013年第9期。

王妮丽：《从社会组织评估主体的多元化看第三方评估》，《学会》2016年第6期。

温家宝：《在中央扶贫开发工作会议上的讲话》，《新华每日电讯》2001年9月21日第1版。

吴佳惠、王佳鑫、林誉：《论作为政府治理工具的第三方评估》，《中共福建省委党校学报》2015年第6期。

习近平：《脱贫攻坚战冲锋号已经吹响 全党全国咬定目标苦干实干》，新华网（www.xinhuanet.com//politics/2015-11/28/c_1117292150.htm），2015年11月28日。

谢锦峰：《公共政策执行阻力中的目标群体因素分析——基于政策执行过程模型的视角》，硕士学位论文，华南理工大学，2014年。

谢雪、吕品:《反馈控制理论在安全隐患管理中的应用》,《安全生产与监督》2009年第3期。

徐双敏:《提高第三方评估的公信力》,《人民日报》2015年6月16日。

徐双敏:《政府绩效管理中的"第三方评估"模式及其完善》,《中国行政管理》2011年第1期。

杨生宝、王学江:《西吉扶贫开发工作研究》,中国农业出版社2005年版。

游家胜:《论高校内部自评估机制的系统构建》,《中国高教研究》2009年第2期。

余静文、王春超:《新"拟随机实验"方法的兴起——断点回归及其在经济学中的应用》,《经济学动态》2011年第2期。

俞可平:《治理和善治:一种新的政治分析框架》,《南京社会科学》2001年第9期。

[美]詹姆斯·E.安德森:《公共决策》,唐亮译,华夏出版社1990年版。

张林秀:《随机干预试验——影响评估的前沿方法》,《地理科学进展》2013年第6期。

张旭、李会军、郭菊娥:《经济体制改革试点第三方评估理论基础与未来发展》,《经济体制改革》2016年第1期。

郑方辉、陈佃慧:《论第三方评价政府绩效的独立性》,《广东行政学院学报》2010年第22卷第2期。

郑瑞强、王英:《精准扶贫政策初探》,《财政研究》2016年第2期。

中共中央办公厅、国务院办公厅:《关于创新机制扎实推进农村扶贫开发工作的意见》(中办发[2013]25号),中华人民共和国中央人民政府网(http://www.gov.cn/gongbao/content/2014/content_2580976.htm)。

中共中央文献研究室：《习近平关于社会主义经济建设论述摘编》，中国共产党新闻网（http：//theory.people.com.cn/n1/2017/0627/c40555-29364876.html）。

《中国扶贫开发年鉴》编委会：《中国扶贫开发年鉴 2011》，中国财政经济出版社 2011 年版。

中华人民共和国国务院新闻办公室：《〈中国的农村扶贫开发〉白皮书》，《人民日报》2001 年 10 月 16 日第 5 版。

钟启泉：《改革开放若干重大理论问题回顾》，广西人民出版社 1998 年版。

周三多：《管理学——原理与方法》，复旦大学出版社 2014 年第 6 版。

朱玲、蒋中一：《以工代赈与缓解贫困》，上海三联书店 1994 年版。

朱正威、石佳、刘莹莹：《政策过程视野下重大公共政策风险评估及其关键因素识别》，《中国行政管理》2015 年第 7 期。

朱正威、石佳、吴佳、张保星：《社会稳定风险第三方评估：实践进展、现实障碍与优化策略》，《江苏行政学院学报》2017 年第 4 期。

邹运韬：《日出东方——中国改革开放大写真》，中国文联出版社 2013 年版。

二 外文

Bob Tanner, "Independent Assessment by Third-party Certification Bodies", *Food Control* 11 (2000) 415-417.

Carmen Huckel Schneider, Andrew J. Milat, "Gabriel Moore. Barriers and Facilitators to Evaluation of Health Policies and Programs: Policymaker and Researcher Perspectives", *Evaluation and Program Planning*, 2016.

Christine A. Kelleher, Susan Webb Yackee, "Who's Whispering in Your Ear? The Influence of Third Parties over State Agency Decisions", *Po-*

litical Research Quarterly, Vol.59, No.4 (Dec., 2006), pp.629-643.

David A. Reingold, "Can Government-Supported Evaluation and Policy Research Be Independent?", *Journal of Policy Analysis and Management*, Vol.27, No.4 (Autumn, 2008), pp.934-941.

David Easton, *A System Analysis of Political Life*, Trans by Wang Puju et al. Beijing Huaxia Press, 1999, pp.336-337.

Donald N. Rothblatt, "An Approach to Public Policy Evaluation", *Land Economics*, Vol.47, No.3 (Aug., 1971), pp.304-313.

E. R. House, *Evaluation with Validity*, Beverly Hill: Sage, 1980, 121.

Frank P. Scioli, "Problems and Prospects for Policy Evaluation", *Public Administration Review*, Vol.39, No.1 (Jan.-Feb., 1979), pp.41-45.

H. Wollmann, *Evaluation in Public Sector Reform*, Cheltenham: Edward Elgar, 2003.

Jaroslav Dvorak, "A Theoretical Interpretation of Policy Evaluation in the Context of Lithuanian Public Sector Reform", *Baltic Journal of Law Jamp Politics*, 2008, 1 (1).

Jean-Pierre Nioche, "Robert Poinsard. Public Policy Evaluation in France", *Journal of Policy Analysis and Management*, Vol.5, No.1 (Autumn, 1985), pp.58-72.

Ludwig Guendel, "Evaluation, Public Policies, and Human Rights", *New Directions for Evaluation*, 2012 (134).

Maki Hatanaka, Carmen Bain, Lawrence Busch, "Third-party Certi-Wcation in the Global Agrifood System", *Food Policy* 30 (2005) 354-369.

Mitesh Kataria, Fabian Winter, "Third Party Assessments in Trust Problems with Conflict of Interest: An Experiment on the Effects of Promises", *Economics Letters* 120 (2013) 53-56.

Ogul, Morris. 1976, *Congress Oversees the Bureaucracy*, Pittsburgh,

PA: University of Pittsburgh.

Public Sector Governance in Australia. Meredith Edwards, John Halligan, Bryan Horrigan and Geoffrey Nicoll, *Public Sector Governance in Australia*, Published by: ANU Press. (2012).

Raphaëlle Ducret, Diana Diziain, Thomas Plantier, "Proposal for an Evaluation Grid for Analysing Local Public Urban Freight Policies: Strengths, Weaknesses and Opportunities for French Cities", *Transportation Research Procedia*, 2016, 12.

Robert Walker, "Public Policy Evaluation in a Centralized State", *Thousand Oaks and New Delhi*, Vol 3 (3): 261-279.

Robert Picciotto, "Evaluation Independence in Organizations", *Journal of Multi Disciplinary Evaluation*, Volume 9, Issue 20, 2013.

Rossi, P. H., Freeman H. E., & Lipsey, M. W. (1999), *Evaluation: A Systematic Approach*, Thousand Oaks, CA: Sage.

Stuart S. Nagel, "Symposium: Is the Japanese Management Model Applicable to the American Public Sector?", *Public Productivity Review* Vol.7, No.2, Jun., 1983, pp.143-172.

Weimer, D. L. (2005), "Institutionalizing Neutrally Competent Policy Analysis: Resources Forpromoting Objectivity and Balance in Consolidating Democracies", *Policy Studies Journal*, 33, 131-146.

后　记

精准扶贫是我国较早普遍推行的第三方评估的政策领域。但是，对精准扶贫政策第三方评估还缺少深入的总结和探讨。精准扶贫政策第三方评估还是一个新生事物，人们对它关注有余但是理性分析较少。本书的分析虽然努力厘清一些看法，但是也无法避免一些有失偏颇之处，权当抛砖引玉，供学术界和实务界参考。

本书的编著者长期从事我国扶贫开发和精准扶贫研究工作，曾经多次参与有关省份的精准扶贫第三方评估工作，有着比较丰富的理论素养和工作经验。其中，孙飞、陈良敏、张经纬、杨小龙、程颖、况梦凡参与了本书初稿的撰写，书稿由丁士军和孔凡义进行设计和统稿。

本书的出版受到中南财经政法大学中长期研究计划项目的资助，著者在书稿撰写过程中还得到中南财经政法大学公共管理学院陈志博士的协助。最后，本书的出版还要感谢中国社会科学出版社田文编辑的辛苦付出。